성인지 감수성을 묻고 답하다

육군3사관학교 심리학교재 편찬위원회 공저

도서출판 양서각

■ 저자 소개

송경재(Soong, Kyung-jae, ktmapsy@korea.ac.kr)

강원대학교 심리학과를 졸업하고 ROTC 37기로 임관하였다. 고려대학교 대학원에서 심리학 석사와 박사학위를 취득한 후, 육군3사관학교 리더십센터장, 교육정보지원센터장 등을 역임하였고, 현재 육군3사관학교 심리학과 교수로 재직하고 있다. 한국상담학회 산하 한국 군·경·소방 상담학회 부회장, 충성대연구소 다문화연구실장을 겸하면서, 동명·한빛·청해부대원들에게 전투스트레스와 PTSD예방에 관한 강의를 하고, 육군 전문 선발면접위원으로 활동하고 있다. 주요 저서로는 '군 리더와 병영상담(학지사, 2016)', '총성없는 전쟁을 위한 군사심리학(학지사, 2018)' 등이 있고, 관심 연구분야는 의사소통(상담), 전투스트레스, 심리전, 성인지감수성, 다문화수용성 등이다.

장유정(Jang, Yu-jung, jangyujung3@gmail.com)

육군사관학교 66기로 임관하여 군사경찰장교로 전후방 각지에서 임무수행 후 연세대학교 대학원에서 『같은 잘못, 다른 처벌』이라는 주제로 석사학위를 취득하였다. 2019년부터 현재까지 육군3사관학교에서 심리학과 교수로 재직하고 있으며, 현재 군 다문화수용성 관련 연구를 진행하고 있다.

이상봉(Lee, Sang-bong, saejip@hanmail.net)

경북대학교 ROTC 43기로 임관하여 보병장교로 전후방 각지에서 임무수행 후, 국방대학교 국방관리 대학원에서 『공유리더십이 팀 성과에 미치는 영향』이라는 주제로 리더십 석사학위를 취득하였다. 현재는 육군 제6보병사단 본부근무대장으로 임무를 수행하고 있다. 주요 논문으로는 『군대 내 이중문화 장병의 군 생활 적응과 관련된 보호요인과 위험요인 도출 연구』(한국군사회복지학회, 2019) 등이 있고, 관심 연구분야는 리더십, 전투스트레스, 다문화수용성, 성인지감수성 등이다.

석혜선(Seok, Hye-seon, greetu@daum.net)

육군사관학교 졸업(64기, 2008년), 고려대학교 교육학석사
현재 육군3사관학교 심리학과 강사

성인지 감수성을 묻고 답하다

초판 발행 2022년 1월 25일
2쇄 발행 2024년 1월 25일

저 자 육군3사관학교 심리학교재 편찬위원회
발 행 자 신 대 영
발 행 처 양 서 각

주소 경기도 가평군 청평면 소돌말길 7-6
전화 010-2063-5489
FAX 0502-0991-1700
등록 1992년 4월 30일 제3-412호

ISBN 978-89-5568-520-6 [정가 22,000원]

저자 서문

심리 상담자들 대부분은 기본적으로 감수성 훈련을 받는다. 여기에서 '감수성'이란, 민감하고 섬세함을 의미한다. 내담자의 감정을 민감하고 섬세하게 알아차리는 것은 좋은 상담자가 갖추어야 할 기본기이다.

이 책이 이야기 하는 것은 성인지 감수성이다. 이 책은 우리가 은연중에 사용하는 말과 행동 그리고 우리가 살고 있는 세상환경과 구조 속에 뿌리 깊게 박혀있는, 남자와 여자라는 인간 사이에 불평등한 것들을 민감하고 섬세하게 알아차리기를 바라는 책이다.

이 책은 "남자와 여자는 똑같아"를 말하지 않는다. 어떻게 똑같을 수 있는가. 신께서 인간을 만들 때, 다르게 만들었는데 어떻게 똑같은가. 하지만, 신께서 인간을 만들 때, 남자와 여자 중 한 쪽의 인간을 우수하고 다른 한 쪽의 인간을 열등하게 만드셨을까? 한 쪽의 인간이 다른 한 쪽의 인간을 무시하고 좌절시켜 아프게 하도록 만드셨을까? 그것은 아닐 것이다.

내가 '어떠어떠한 존재라서 차별받는다'고 생각해봐라. 가령 '한국인이라서 차별받는다.', '아시아인이라서 차별받는다.', '서울사람이라서 차별받는다.', '군인이라서 차별받는다.', '대학을 안가서 차별받는다.' 등 말이다.

"『자기 존재를 규정짓는 모든 정체』라서 차별받는다."

어떤가? 말도 안되는 일이다. 참을 수 없는 말 아닌가?

많은 사람들이 이렇게 이야기해왔다.

"여자는 여자다워야 하고, 남자는 남자다워야 한다."

언뜻 보면 매우 자연스럽고 당연한 말이다. 하지만 여기에 불평등은 내재되어 있다. '무엇 무엇답다'라는 정체를 이루는 구성은 나의 선택으로 만들어진 정체가 아닌, 뿌리 깊은 인간의 차별 역사에 의해 구성되어진 정체이기 때문이다.

역사로 구성된 정체, 그것이 '나'일 수는 없다.

그러나 이 땅의 모든 남녀는 그것이 '나'인줄 알고, '나'여야만 하는 줄 알고 살아왔다. 이 책을 통해 이 말의 뜻을 체험하길 바란다. 민감하고 섬세하게 알아차리기를 말이다.

이 책을 구상하게 되었던 2018년은 여혐, 남혐, 미투(MeToo), 펜스 룰 등 남녀 갈등 용어가 만연했던 해이다. 신께서 서로 사랑하라고 만들어주신 이성간의 싸움이 역대 최고였던 한 해였다. 2020년 지금도 다르지 않다. 이 시점에 이 책을 만드는 저자들은 양성평등 전문가도 아니고 여성주의자도 아니다. 그래서 더 조심스럽다. 저자들조차도 성인지 감수성이 부족한 것은 아닌지, 여성주의를 오해하고 있는 것은 아닌지, 역차별을 하는 것은 아닌지 조심스럽다. 그래서 우리는 언제든지 고치고 배우길 원한다.

이 책의 내용은 양성평등 및 성인지 감수성 전문가들의 연구물, 전문기관에서 발행한 교재, 매일 일어나는 성 관련 사건사고 기사 등을 참고하고 발췌하였다. 저자들은 여러 좋은 자료들을 재구성하였고, 그러한 자료들을 통해 학습자 스스로 생각하고 느낄 수 있도록 도움을 주고자 노력하였다. 익숙한 것을 낯설게 보기 시작할 때, 변화와 발전이 일어남을 믿기 때문이다.

성인지 감수성 교재 집필이라는 중압감과 사명감을 느끼면서도 저자의 게으름과 무지함으로 인해 부족한 책을 출간하게 되었다. 저자들도 성인지 감수성이 부족했음을 반성하며 교재를 만들었다. 성적 차별로 인해 가슴 아팠던 여러분들의 마음을 충분히 반영하지 못한 것 같아서 마음 한 구석이 창피하다.

2018년 학교 교내용 교재를 집필할 때 같이 고민해준 김대은 교수님께 감사하다. 이 책의 내용을 같이 고민해주시고, 교재의 부족한 부분을 지식과 열정적 강의로 채워주신 유정순, 장해숙, 소경섭 강사님께 감사를 드린다. 삽화 아이디어를 제공해주신 소경섭 강사님에 대한 감사함은 더욱 특별하다. 흔쾌히 출판을 허락해주신 양서각 신대영 대표님과 편집자님께 머리 숙여 인사를 드린다.

끝으로, 인간평등을 위해 애쓰시는 모든 분들을 위해 응원의 마음을 담아 기도드린다.

2022년 1월

충성대 청운관에서

저자 대표 송 경 재

차례

1부 올바른 성(性)인식

2부 성 문화와 사회적 이슈

3부 성(性), 평등을 넘어서

1부

올바른 성(性)인식

1

타고난 성(Sex)과 학습된 성(Gender)

1. 학습목표

- 올바른 성인식에 대해 생각해 보기
- 타고난 성(sex)과 학습된 성(gender)의 개념을 이해하고 차이점 살펴보기

♣ 주요개념: 타고난 성(Sex), 학습된 성(Gender)

2. 들어가며

이 아이는 남자 아이일까요?
여자 아이일까요?

■ 여자와 남자는 정말 다른 별에서 왔을까?

화성에서 온 남자 금성에서 온 여자?… "남녀 뇌 구조 차이 없다"

'화성에서 온 남자, 금성에서 온 여자'라는 책 제목처럼 남성과 여성이 뇌 구조에서부터 다르다는 세간의 인식은 사실이 아니라는 연구 결과가 나왔다고 지난달 30일(현지시간) AP통신과 영국 일간지 가디언 등이 보도했다.

이스라엘 텔아비브대학 연구진은 1400명의 자기공명영상(MRI) 검사 결과를 분석한 결과 '남성적 특성' 을 보이거나 반대로 '여성적 특성' 에 치우친 경우는 극히 드물다는 결론을 내렸다.

중략……

그 결과 어느 한 쪽 성별에 치우친 특성을 보이는 뇌가 전체 분석 대상자료의 6% 안팎에 그친 데 비해 남녀 모두의 특성을 겸비한 뇌는 훨씬 많았다고 연구진은 분석했다.

이러한 연구 내용은 미국국립과학원회보(PNAS)에 실렸다.

이번 연구를 이끈 다프나 조엘 텔아비브대 교수는 "이런 결과는 인간의 뇌는 어느 한 쪽 성별의 카테고리에 속하지 않는다는 사실을 보여준다"고 말했다.

그는 "차이가 있어도 '남자의 뇌' 나 '여자의 뇌' 는 구분되지 않는다. 우리는 모두 하나하나의 독특한 모자이크"라면서 "사람이 어느 면에서는 남성적이고 다른 면에서는 여성스러운 특성을 보이는 것도 이 때문"이라고 설명했다.

[국민일보] 2015-12-01
이종선 기자 remember@kmib.co.kr0

남자는 냉장고에 약하고 여자는 길눈이 어둡다고 한다. 먼 옛날부터 오랜 세월 남자는 밥만 먹으면 멀리 가 사냥을 하고는 집을 다시 찾아와야 했고, 여자는 집 가까운 곳에서 풀뿌리를 캐고, 나무 열매를 모으는 일을 하였기에 그렇다. 사실 집사람이 몇 날 며칠 나들이하면 곰국을 끓이고 냉장고에 여기저기 먹을 것을 수북이 쌓아 놓고 가지만 그것을 찾아 먹는 게 그리 쉽지 않은 일이다. 우리집 냉동고에도 여러 해 전에 넣어 놓은, 몇 년은 먹어도 될 것들이 한가득 들었으니 집사람이 '수집하여 모아둔' 것들이다. 남녀가 얼마나 다른가 하는 것을 실증적으로 보여주는 일례다. 남녀의 차이는 근본적으로 염색체에 있다.

중 략…

사실 남자로 태어난 것은 불행한 일이다. 여자는 임파구나 백혈구가 많고, 항체형성 속도도 빨라 병에 잘 걸리지 않으며, 걸려도 빨리 낫는다. 오직 여성은 골다공증에 걸릴 확률이 높을 뿐이다. 그런가 하면 남자는 암에 걸릴 확률도 높으며 AIDS에도 더 잘걸린다. X염색체는 Y염색체에 비해 길이만 따져도 3배가 넘으니 훨씬 많은 유 전자를 담는다. 세계적으로 여자가 남자보다 장수하는 것도 이들 성염색체와 연관이 있어서, 여성은 XX로 한쪽의 것에 잘못이 있어도 다른 상동염색체가 보완하지만 남 자는 XY라서 Y에 문제가 생기면 단박에 병을 일으킨다. 그래서 X염색체와 관련 있 는 색맹이나 혈우병도 남자가 많다. 남자는 사회생활을 하느라 스트레스를 많이 받 고, 전쟁이나 사고 따위 말고도 술 담배로 단명하지만, 선진국에서는 남녀 수명의 차 이가 점점 줄고 있다고 한다. 하지만 그 와중에도 술을 많이 마시는 러시아는 되레 역 행한다는 말도 있다.

중 략…

남녀의 유전인자는 2~3만 개 가운데 0.1퍼센트가 다르다고 하지만 사실은 같은 것이 하나도 없다고 해도 지나친 말이 아니다. 그러니 '화성에서 온 남자, 금성에서 온 여자'란 말이 백 번 맞는 말이요, 크게 보아 정신적, 심리적, 생리적, 행동적인 차이는 이루 말할 수 없다. 수정란이 자궁에 착상하여 8주 후가 되면서 서로 비슷하던 남아, 여아가 점점 겉으로만 봐도 달라지니 이는 여성호르몬인 에스트로겐과 남성호르몬인 테스토스테론이 요술을 부린 덕분이다. 남자와 여자는 뇌도 서로 다르다. 남 자의 뇌는 1,325그램으로 1,144그램인 여자보다 약 100그램 이상이 더 크고 무겁 다. 분석적이며 언어적인 활동을 할 때 남자는 주로 왼쪽 뇌를 사용하지만 여자는 양 쪽 뇌를 동시에 사용하는 것으로 알려져있다. 그리고 남자가 평균 15퍼센트 쯤 더 무겁고, 키는 약 15센티미터 더 크며, 힘을 많이 써야 하기에 허리가 굵은 데 비해 여자는 출산에 도움을 주기 위해 심장형인 엉덩이가 더 크고 둥글다. 반면 남자는 골 반이 작아서 걷기를 잘한다. 또한 남자는 골밀도의 강한 뼈와 힘줄, 인대를 가지며 툭 튀어나온 감상연골인 후골을 가지는 탓에 큰 성대를 가져 소리가 굵고 또 송곳니 가 길다. 갈비뼈는 남녀 모두 12쌍이지만 남자가 일반적으로 기관, 기관지가 굵고 같은 체중인 여자보다 폐활량이 56퍼센트 더 나간다. 남자가 심장이 클뿐더러 산소 를 많이 필요로 하기에 적혈구가 세제곱밀리미터당 520만개로 여자들의 460만개 보다 약 10퍼센트 더 많고, 따라서 헤모글로빈도 많다. 남자의 살갗은 여자보다 두 꺼우며 기름기로 번질번질하다. 대신 여자는 살이 남자보다 더 따뜻하고, 체지방이 많고, 혈압이 낮으며, 냄새에 예민하고, 어휘력이 풍부하며, 통각점이 많아 아픔에 견 디는 힘이 약하다. 일일이 다 쓰지는 못했지만 여기까지만 보더라도 육체적, 정신적 으로 남녀가 너무 다르지 않은가. 그러니 남이 나와 같기를 바라지 말라.

『권오길이 찾은 발칙한 생물들(2015)』 중에서

3. 생각해봅시다

■ 섹스(sex)와 젠더(gender)[1]

섹스(sex)란 남녀 간의 생물학적 성을 의미하고 젠더(gender)란 사회문화적으로 의미가 부여된 성을 지칭한다. 여자·남자임을 말해주는 생물학적 성(sex)은 선천적으로 가지고 태어나는 일종의 귀속적 지위의 성질을 가진 반면, 남성적(남성다움) 혹은 여성적(여성다움) 특성이나 태도를 지칭하는 사회문화적 성(gender)은 후천적인 것으로, 태어난 이후에 개인의 정신 역학적, 심리적, 사회문화적 환경요인에 의해 획득되는 성취적 지위의 성질을 갖는다. 따라서 생물학적 성은 후천적으로 변경할 수 없는 것이나, 사회문화적 성은 양육태도나 환경에 따라 달라질 수 있는 것이다.

많은 연구에서 성 정체성(gender identity)은 생후 12개월부터 18개월 사이에 형성된다고 한다. 존 머니(John Money)의 연구에 의하면 성 정체성은 개인의 생물학적 성에 관계없이, 양육되는 성별에 따라 고착된다. 따라서 남자 또는 여자임을 말해주는 생물학적인 성(sex)과 남자다움 또는 여자다움을 의미하는 사회문화적 성(gender)과는 별개의 것이다.

▶ 생물학적 성(sex)

남녀 간의 생물학적 차이는 성염색체의 차이, 성호르몬의 차이, 그리고 외부 생식기와 내부 생식기의 차이에 의해 구분된다. 첫째, 인간의 성(sex) 곧 남자인지 여자인지 여부는 정자와 난자가 만나 새로운 생명체가 잉태될 때 성을 좌우하는 염색체가 여성염색체(XX)인지 남성염색체(XY)인지에 따라 결정된다.

어머니의 난자는 X 염색체만을 제공하지만 아버지의 정자는 X염색체와 Y염색체 두 종류를 제공하며, 이 때 어머니의 난자(X염색체)와 아버지의 X염색체 정자가

---

1 한정자. (2004). "성차와 성차별의 이해". 군인의 성인지력 향상을 위한 교육교재 개발 결과보고서, 여성부. 발췌

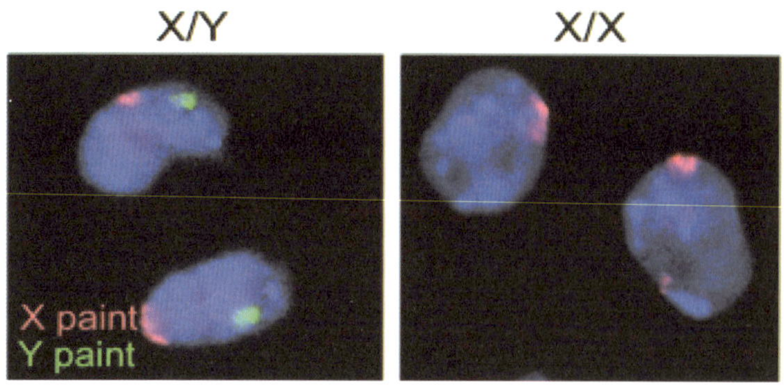

출처 : https://upload.wikimedia.org/wikipedia/commons/a/aa/Mice_X_Y_chromosomes.jpg

만나면 여자 아이(XX)가 잉태되고, Y염색체의 정자가 만나면 남자 아이(XY)가 잉태되는 것이다.

둘째, 성호르몬의 차이를 보면 XX염색체와 XY염색체의 태아는 몇 주 동안은 중성의 형태로 가다가 약 6주를 전후해서 Y염색체가 생식선에 신호를 보내 정소(testes, 고환)가 되도록 하고, 그렇지 못한 X염색체는 여성 쪽으로 선회한다. 이로 인해 남자 아이는 남성 호르몬인 안드로겐의 영향을 받아 음경 및 요도가 형성되고 음낭 돌기의 융합이 이루이지며, 전립선과 정낭의 발달을 촉진하게 된다. 여자 아이 또한 마찬가지로 여성호르몬인 에스트로겐의 영향을 받아 자궁과 난관, 질, 대음순, 소음순, 그리고 음핵과 같은 생식기관이 발달하게 된다.

셋째, 해부학적으로 볼 때 인간이 태어나는 순간 남자냐 여자냐를 구분 짓는 것은 외부 생식기의 차이에 의해서다. 한편 모체로부터 분리된 신생아는 성선자극 호르몬의 영향을 받지 못하므로 사춘기까지는 생식기의 발육이 정지상태를 보이게 된다. 그러다 사춘기가 되면 뇌하수체로부터 분비되는 성선자극 호르몬의 영향을 받아 2차 성징을 보이게 된다. 곧 남자는 근육이 발달하고, 가슴이 넓어지며, 목소리가 굵어지고, 몸에 털이 생기며, 키가 커지고, 내·외부 생식기가 성장하게 된다. 반면 여자는 피하지방이 발달하고, 엉덩이가 넓어지며, 유방이 커지고, 체모가 생기며, 내부 생식기가 성장하게 된다.

사회문화적인 성(gender)[2]

일반적으로 사람들은 생물학적인 성에 기초하여 자연적으로 남자는 남자답게, 여자는 여자답게 된다는 믿음이 있다. 만일 생물학적 성(sex)이 여성다움과 남성다움을 결정한다면 모든 문화권에서 남녀는 같은 유형의 남성다움과 여성다움 및 성역할을 보여줄 것이다. 그러나 생물학적 성이 곧 여성다움, 남성다움을 결정하는 것은 아니다.

이 주장은 미국의 문화인류학자 마가렛 미드(Margaret Mead)의 원시 부족 내 남녀의 형태에 관한 연구를 통해 실증되고 있다. 미드는 뉴기니아에 있는 세 부족의 성역할 연구를 통해, 오늘날 전형적으로 나타나는 성역할 분업이 보편적이고 전형적이며 필연적 형태가 아님을 증명하였다. 즉 아라페쉬(Arapesh) 부족의 경우는 남녀 공히 예의바르고 협동적이며 소위 모성적 경향을 동시에 나타내는 반면, 이웃 부족인 먼더거머(Mundugumor)족 — 아라페쉬족과 먼더거머 족은 모두 현재 파푸아뉴기니의 국민이다 — 은 남녀 모두 공격적이고 서로에 대해 강한 적대감과 경쟁심을 나타내고 있었다. 곧 남성적인 성향과 남성적인 운동, 허풍 그리고 상대방을 지배하려는 경향이 여자와 남자 모두 강하게 나타났다는 것이다. 한편 챔블리(chambuli, 뉴기니 섬의 세피크 강 중류에 사는 민족, 현재 파푸아뉴기니 국민) 족의 경우는 여성이 오히려 남성에 비해 더욱 지배적이고 냉정하고 과묵하며 근엄한 태도를 보이는데 반해, 남성들은 여성에게 정서적으로 의존하고 수다스러우며 몸치장을 즐겨하는 모습을 보였다.

전형적인 아라페쉬인은 남녀 모두 유순하고 민감하며 비공격적이다. 그리고 남녀 모두 우리가 '모성적' 이라고 생각하는 성향을 보여준다. 아라페쉬인들은 임신을 단일한 행위의 결과로 생각하지 않으며, 어머니와 아버지의 반복되는 결합에

2 마가렛 미드, 조혜정 역.(1996). "세 부족사회에서의 성과 기질", 이화여자대학교 출판문화원. 발췌

의해 공동으로 이루어나가는 과정으로 인식한다. 따라서 “아이를 낳다”라는 말은 남자 또는 여자 어느 쪽에도 관계될 수 있다. 아이가 태어나면 남편은 그의 부인 옆에 드러누워 “침대에서 아이를 갖게 되었다”라고 말한다. 남편과 아내는 함께 금기를 준수하고 아이의 출생에 따른 의식을 수행하며, 어린이의 양육도 남녀가 같이 분담한다. 남성이 성적으로 공격성을 갖는다는 관념이 아라페쉬인들에게는 존재하지 않는다. 따라서 아라페쉬인들은 ‘강간’ 이란 것을 알지 못한다.

먼더거머인들은 아라페쉬인과는 달리 남녀 모두 공격적이고 사나우며, 난폭하다. 먼더거머 사회의 여자들은 임신을 달가워하지 않으며, 아이에게 젖을 먹이는 것조차 귀찮게 여긴다. 따라서 유아는 방치되기 쉽고, 우리가 말하는 소위 ‘모성적 성향’ 이 결여되어 있다. 사람들이 공격적이어서 부부간 싸움도 잦은데 여자들도 남자들만큼이나 난폭하고 공격적이며 정열적이다. 신체적으로 남자만큼 강하지 않지만 여자들도 싸움을 매우 잘한다. 미드의 관찰에 의하면 아내를 때리려는 남편은 미리 세심한 준비를 하며, 아내가 무장하고 있지 않음을 확인한 뒤 공격을 한다고 한다.

챔블리족에서는 남성적 기질과 여성적 기질이 서구적 개념과는 반대 양상을 보여주고 있다. 챔블리족의 경제생활은 여자들에 의해 주도되며, 남자들은 주로 기예(技藝)와 의식(儀式)에 전념한다. 여자들은 활동적이고 외향적인데 반해 남자들은 의구심이 많고 섬세한 감정을 지니고 있다. 여자들과 달리 챔블리족 남자들은 자의식이 강하고 극락조(뉴기니 섬에 사는 빛깔이 매우 아름다운 새)의 깃털로 화려하게 치장을 한다. 여자들은 일을 함으로써 공동체를 지원하고, 남자들은 여자들을 기쁘고 즐겁게 해주기 위해 의식과 춤을 준비한다.

대부분의 문화인류학적 연구는 성역할이 고정되어 있다기보다는 문화에 따라 많은 융통성을 보이고 있으며, 여성과 남성 각각에 부과되는 책임과 의무, 기대되는바 역할, 그리고 영향력이 매우 다름을 보여주고 있다. 바로 이 점에서 여성다움과 남성다움 및 성역할은 생물학적 요인에 의해 결정되기 보다는 사회 환경과의 상호작용과 문화적 요구에 따라 더 많은 영향을 받는 것으로 볼 수 있다.

4. 토의 및 발표

■ 학습된 성(Gender)에 관한 새로운 시선 하나?

다음 뉴스 내용을 읽고 타고난 성(Sex)과 학습된 성(Gender)에 대해 이야기해 봅시다.[3]

젠더에 관한 새로운 시선 하나

미국 어떤 마을에 어려서부터 여자처럼 엉덩이를 좌우로 흔들며 걷는 남자 아이가 있었다. 십대 중반을 넘어서면서 그 아이의 여자 걸음걸이 정도가 더욱 뚜렷해지자 동네 남자 아이들이 그 애를 괴롭히기 시작했다. 어느 날 아이들이 그 애를 불러세워 싸움이 시작되고 그 아이들은 여자처럼 걷는 아이를 다리 아래로 던져 죽게 만들었다.

미국의 철학자이자 젠더 이론가인 주디스 버틀러가 들려주는 이야기이다. 이야기를 마치고 버틀러는 "왜 걷는 모습 때문에 누군가가 살해되야 하는가?" 그리고 "왜 한 아이의 걷는 모습이 다른 남자 아이들을 혼란스럽게 만들어서 그렇게 걷지 못하게 만들려고 하는가?"라는 질문을 한다. 버들러는 '규범으로서의 젠더' 가 강요되고 있다는 사실을 지적하려는 것이다.

남성과 여성, 남자와 여자로 분류된 섹스·젠더 규범 틀 안에서 남성은 반드시 남자가 되어서 남성성을 따라야 하고, 여성은 반드시 여자가 되어서 여성성을 따라야 한다. 젠더 규범은 말할 때, 걸을 때, 행동할 때 등등 남자이기 때문에 준수해야 할 남성성의 실천 항목과 여자이기 때문에 준수해야 할 여성성의 실천 항목으로 이분화되어 있고 이러한 성 역할인 젠더를 올바르게 수행하지 못하면 처벌을 받는다.

중 략…

[경남신문] 2019. 4. 2

백승진(경상대 영어영문학과 교수)

---

3 [경남신문] 젠더에 관한 새로운 시선 하나. https://m.knnews.co.kr/mView.php?idxno=1282169&gubun=

▶ **여성과 남성은 서로 다른 별에서 온 존재와 같이 서로 다른 특성**(신체적 특성 외) **을 선천적으로 가지고 있는 것일까요?**

【참고문헌】

1. 마가렛 미드, 조혜정 역.(1996). "세 부족사회에서의 성과 기질", 이화여자대학교 출판문화원.
2. 한정자. (2004). "성차와 성차별의 이해". 군인의 성인지력 향상을 위한 교육교재 개발 결과보고서, 여성부.
3. [경남신문] 젠더에 관한 새로운 시선 하나.
https://m.knnews.co.kr/mView.php?idxno=1282169&gubun=

2

나와 너의 이해

1. 학습목표

- 올바른 성역할에 대해 생각해 보기
- 편견과 성차별 이해하기

♣ 주요개념: 성역할 고정관념, 편견과 성차별

2. 들어가며

우리는 어릴 때 어떤 환경에서 성역할 고정관념을 습득하게 되었을까?
(ex) 동요(곰세마리, 아기 상어)

■ 국민 70% '남편 돈벌고 아내 가정 돌보는' 전통적 성역할 "동의못해"

다음 뉴스 내용을 읽고 성역할에 대해 이야기해 봅시다.[1]

국민 70% '남편 돈벌고 아내 가정 돌보는' 전통적 성역할 "동의못해"

24일 한국보건사회연구원이 2018년 6월 25일부터 7월 6일까지 전국 19세 이상 성인남녀 1,000명을 대상으로 실시한 '부부의 성역할에 대한 인식' 설문조사에 따르면 '남편이 할 일은 돈을 버는 것이고 아내가 할 일은 가정과 가족을 돌보는 것이다' 라는 의견에 68.8%가 동의하지 않는 것으로 나타났다. 응답자 중 동의하는 경우는 31.2%에 그쳤다.

성별에 따라 동의하지 않는 비율은 여자(70.2%)가 남자(67.3%)보다 약 3%포인트 높았다. 연령별로는 20대 이하(90.1%), 30대(78.8%), 40대(74.3%), 50대(60.4%), 60대(49.5%) 등으로 나이가 적을수록 '동의하지 않는다' 는 응답이 많았다. 혼인상태에 따라서는 동의하지 않는 비율이 미혼의 경우 86.9%로 매우 높았다.

중 략……

전통적 성역할에 대한 태도변화는 '직장을 가진 여성도 일보다는 가정에 더 중점을 둬야 한다' 는 의견에 응답자 중 47.6%만 동의하고, 절반이 넘는 52.4%가 동의하지 않는다고 답한 데서도 확인할 수 있었다.

[서울경제] 2019. 6. 24

황민아 기자 nomad@sedaily.com

1 [서울경제] 국민 70% '남편 돈벌고 아내 가정 돌보는' 전통적 성역할 "동의못해". https://news.v.daum.net/v/20190624082926878

▶ 당신이 생각하는 전통적 성 역할은 무엇인가요?

- 남성의 역할과 그것이 전통적인 성역할로 구성된 이유는?

- 여성의 역할과 그것이 전통적인 성역할로 구성된 이유는?

- 이 중 남성과 여성이 함께 할 수 없는 역할에는 무엇이 있나요?

3. 생각해봅시다

■ 성역할 발달과 성역할 고정관념[2]

모든 사회와 문화는 남자와 여자의 성역할에 대한 관습과 기대를 지니고 있다. 개인은 자신이 속한 사회에서 기대하거나 요구하는 성역할을 학습하여 내면화하게 된다.

성역할(gender role)이란 남성 또는 여성에 따라 각기 달리 기대되는 행동양식을 의미한다. 아동이 자신의 성역할을 인식하고 이에 적합하게 행동하는 것은 사회화 과정의 중요한 부분이다. 아동은 인지적 능력이 발달함에 따라 남자와 여자의 구분을 명확하게 파악할 뿐만 아니라 부모를 비롯한 주위 사람들이 성별에 따라 각기 다른 특성과 활동을 기대한다는 것을 인식하게 된다.

아동은 만 2세경이 되면 벌써 옷이나 장신구를 남성용과 여성용으로 구분해 낼 수 있다. 그리고 3세경이 되면 장난감의 선호를 성별에 따라 구분하는 것이 가능하다. 4세경이 된 아동들은 청색과 갈색은 남자들이 선호하는 반면, 분홍색은 여자들이 선호하는 색깔이라는 것을 인식하게 된다. 만 5세경이 되면, 아동은 성과 관련된 사회적 행동을 하기 시작한다. 이 무렵의 아동들은 남자들이 공격성과 지배성의 사회적 특징을 나타내는 반면, 여자들은 정서적이고 온화한 사회적 특성을 지닌다는 것을 인식하게 된다. 아동들은 주로 초등학교 시기에 성별에 따른 심리적 특징을 급속하게 습득하게 된다. 영국, 아일랜드, 미국의 아동을 대상으로 비교연구를 실시한 연구에 따르면, 세 나라 모두에서 아동이 4~5학년이 되면, 여자는 약하고 정서적이며 애정적인 반면, 남자는 야심적이고 주장적이며 공격적이라는 인식을 나타낸다.

이처럼 성역할에 대한 문화의 기대와 요구는 성역할에 대한 고정관념을 유발할

2 권석만. (2017). "현대 성격심리학–이론적 이해와 실천적 활용", 학지사 재인용.

수 있다. 성역할 고정관념(gender-role stereotype)이란 특정한 행위나 활동이 남성 또 는 여성에게 배타적으로 적용된다는 믿음을 의미한다. 요리나 바느질은 여자만의 활동이기 때문에 남자가 그러한 활동을 해서는 안된다고 생각하는 것은 성역할 고 정관념의 대표적인 예다. 이러한 성역할 고정관념은 남자와 여자의 성격 차이를 유발하는 중요한 문화적 요인 중 하나다. 성역할 고정관념은 아동이 자신의 성별 을 구분하는 것과 거의 비슷한 시기에 발달하기 시작하는 것으로 알려져 있다.

한 연구에 따르면, 남자와 여자는 도덕성 판단 기준에서도 뚜렷한 차이를 나타낸다. 남자는 규칙과 정의의 추상적 원칙에 근거하여 정의의 도덕성을 지니는 반면, 여자는 돌봄과 연민에 근거한 보살핌의 도덕성을 지니고 있다. 정의의 도덕성은 공정성을 옳고 그름의 기준으로 삼으며, 객관적 논리와 이성적 추론을 강조한다. 반면에, 보살핌의 도덕성은 자신과 타인의 상호연결성과 보편성을 강조한다. 도덕적으로 정당한 행위는 어떤 경우이든 폭력을 피하고 어려움에 처한 사람을 돕는 것이다. 이러한 도덕적 판단에서 다른 사람에 대한 공감, 사랑, 돌봄과 연민 같은 가치를 중시한다. 도덕성 판단기준의 성차 역시 상당 부분은 문화적 영향에 의한 것으로 여겨지고 있다.

■ 문화적 신화들[3]

대부분의 발달심리학자들이 확신하는 또 다른 결론은 여러 성역할 고정관념이 사실에 기초하지 않은 "문화적 신화들"이라는 점이다. 광범위하게 받아들여지는 이러한 신화들이 다음과 같다.

『여자 아이는 남자 아이보다 '사회적'이다.』라는 신념에 대한 사실:

두 성은 사회적 자극에 대해 동일하게 흥미를 갖고, 사회적 강화에 대해 동일하게 반응적이고, 사회적 모델로부터 학습하는 것에 대해 동일하게 능숙하다. 어떤 연

3 송길연, 김수정, 이지연, 양돈규 공역. (2000). "발달심리학", 시그마프레스 재인용.

령에서, 남자 아이는 실제적으로 놀이동료로서 여자 아이보다 더 많은 시간을 보낸다.

『여자 아이는 남자 아이보다 더 '피암시적' 이다.』라는 신념에 대한 사실:

아동의 동조성에 대한 더 많은 연구들에서는 성차가 발견되지 않았다. 오히려 때로 남자 아이들이 여자 아이들보다 자신의 가치와 갈등하는 또래집단 가치를 받아들일 가능성이 높다.

『여자 아이는 남자 아이보다 자존감이 낮다.』라는 신념에 대한 사실:

두 성은 아동기와 청소년기 내내 전반적인 자기만족과 자기 확신에서 매우 유사하다. 여자 아이보다 더 많은 남자 아이가 청소년기 동안 자존감이 높다는 것은 남성이 도구적 역할을 추구하기 위해 받은 더 큰 자유와 격려 받았음을 반영하는 것일 수도 있다.

『여자 아이는 간단한 반복과제에서 더 나은 반면, 남자 아이는 높은 수준의 인지처리과정을 요구하는 과제에서 뛰어나다』라는 신념에 대한 사실:

이 주장을 지지하는 증거는 없다. 어떤 성도 기계적인 학습, 확률학습, 혹은 개념형성에서 더 우수하지 않다.

『남자 아이는 여자 아이보다 더 '분석적' 이다.』라는 신념에 대한 사실:

이미 논의한 인지능력에서 작은 성차는 예외로 하고, 분석적 혹은 논리적 추론의 검사에서 성차가 없다.

『여자 아이는 성취동기가 부족하다.』라는 신념에 대한 사실:

그런 차이는 존재하지 않는다. 어쩌면 여성의 낮은 성취동기의 신화는 유지될 수 있다. 왜냐하면 남성과 여성은 일반적으로 서로 다른 목표를 향해 성취투쟁을 하기 때문이다.

▶ 이런 부정확성이 계속되는 이유가 무엇일까?

"신화"의 영속성이 그처럼 강한 이유는 고정관념이 그렇게 강력한 힘을 가지고 있기 때문이다. 만일 한 집단의 성원이 예측된 방식으로 행동할 때마다 관찰자는 그것에 주목하고 그의 신념을 확증하며 강화한다. 집단의 성원이 관찰자의 기대와 일치하지 않는 방식으로 행동할 때, 그 사례를 알아채지 못한 채 지나칠 가능성이 있으며, 관찰자의 일반화된 신념은 불일치로부터 보호될 것이다. 이렇게 잘 문서화된 선택된 주의집중 과정은 부정적 증거로 인해 없어져야 할 신화들을 영원히 공고하게 만든다.[4]

다른 말로 하면, 성역할 고정관념들이란 남성과 여성의 행동을 이해하고 왜곡하는데 사용되는 매우 뿌리 깊은 인지적 도식이다. 사람들은 유아의 행동을 유목화할 때조차 이 도식을 사용한다. 한 연구에서 대학생들은 ("혜교"란 이름의)여자 아이 또는 ("병헌"이란 이름의)남자 아이라고 소개된 아홉 달 된 아기의 동영상을 보았다. 아기가 놀고 있는 것을 본 후, 학생들에게 호랑이나 도깨비 인형에 대한 아기들의 반응이 어떤지 물어보았다. 영아들의 행동에 대한 해석은 가정된 성에 의존했다. 즉 병헌이라는 이름을 가진 영아는 호랑이나 도깨비 인형에 대한 반응을 '분노', '화'로 지각했고, 혜교가 느끼는 정서 반응은 '공포', '슬픔'으로 해석하였다.

▶ 문화와 유전의 상호작용의 예를 공격성에서 찾아보자.

공격성이라는 요인이 원래 여자보다 남자에게 더 많을지도 모른다. 그러나 문화적 압력은 원래 가지고 있었던 성차를 확장시키는 역할을 하기에 충분하다. 남자 아이들은 거칠게 행동하도록 권장되며, 선물도 장난감 칼과 총, 로봇, 야구배트와 글러브 등을 받는다. 그리고 이것을 가지고 놀이를 한다. 선물을 주는 사람은 선물과 동시에 "이것을 가지고 밖에 나가서 씩씩하게 놀거라"란 반응도 함께 준

---

4 혈액형별 성격유형, 심리학자들이 관계없다고 수많은 과학적 증거를 제시해도 혈액형과 성격의 상관관계가 신화처럼 존재하는 이유가 그 예이다.

다. 반대로 여자 아이들은 얌전하게 행동하도록 배우고, 선물도 인형, 소꿉장난 세트, 드레스와 구두 등을 받는다. 선물 준 사람은 선물과 함께 "너에게 딱이야. 너무 잘 어울리고 이쁘다"란 반응을 동시에 전달한다. 일단 이것을 받은 아이들은 주변 반응도 함께 받게 되고, 사회적 바람직성을 통해 요구된 암묵적 반응에 적합하게 자신을 내재화한다.

부모들은 일반적으로 남자 아이의 어느 정도의 공격성을 허용(심지어는 함양)하지만, 여자 아이들에게는 공격성을 장려하지 않는다. 우리들의 아버지들은 종종 아들이 다른 아이에게 얻어맞고 들어오면 한심하게 쳐다보면서 싸우는 법을 알려주기도 한다. 반면 여자 아이가 밖에서 다른 아이와 싸우고 들어오면, 안아주고 위로해주며 심지어는 "지는게 이기는 거야. 넌 착하잖아."라며 위로한다.

이 과정은 청소년기에도 계속된다. 이 시기에 어른들은 남자 아이의 공격적 행동에 관대하거나 그러면서 크는 것이라며 이해해준다. 반대로 여자 아이가 같은 행동을 하면 말리고("무슨 여자애가 그 모양이야!"), 보다 의존적인 행동방안을 추천한다. 대중매체에서는 항상 남자주인공은 과묵하고 강한 성품으로, 여자주인공은 아름다운 영혼의 동반자로 묘사함으로써 성적 바람직성 편향은 한쪽으로 더욱 기울게 된다.

남성과 여성이 공격성에 있어서 생물학적으로 차이를 가지고 출발할 수도 있으나, 성인이 될 때쯤에는 가지고 태어난 차이를 훨씬 더 확대되도록 사회가 만드는 것이다. 비슷한 예가, 공간적성의 차이에도 적용될 수 있다. 우리 사회에서 여자 아이에게 수학보다는 국어를 더 잘할 것으로 기대한다. 이 믿음은 부모, 교사, 학생들 자신 모두가 공동으로 지니고 있고, 그 믿음이 실현되도록 모두 협력한다. 그 결과 공간 및 수학적 유전잠재력을 지닌 여자 아이조차도 그 잠재력에 못 미치는 공간 및 수학검사 점수를 낼 수 있다. 게다가 수학관련 과목 및 직업(과거 기술/공업과목; 기계, 설비, 토목, 건축 등)은 남성 전문영역이라는 통념을 공유하며, 이러한 영역에서 성공하는 여성을 "그 여자는 남자같아"라는 관용어구로 통념을 생산하고 공유한다.

■ 성역할 고정관념의 문제점[5]

성역할 고정관념은 '남성이나 여성을 인지 또는 평가할 때, 그 사람의 개인적 특성이나 능력에 관계없이 단지 생물학적으로 남성 또는 여성으로 태어났다는 사실에 의거해서 사회적으로 규정된 남성적 특성, 혹은 여성적 특성을 가진 존재로 구분해버린다는 것이 문제이다. 즉 상대적으로 과잉 단순화된 범주화를 양산하는 것이다.

더 큰 문제는 성적 차이에 대한 이해로 끝나는 것이 아니라 차별로 이어진다는 것이 고정관념의 가장 큰 문제점이다. 각 성에 따른 행동과 성격을 규정하는 양상으로 사회적 특성에 의해 규정되고, 문화과정을 통해 어떤 규범처럼 역할을 하는 것이 문제이다. 즉, 성에 대한 인지발달은 사회 틀 안에서 사회가 허용하는 성에 대한 관념에 따라 행동하고 이러한 성역할 고정관념에 따른 행동을 모방, 학습, 내재화, 동기화 하는 사회학습 절차를 반복한다는 것이다. 이 과정을 통해 고정관념은 강화되고, 관념은 진실(fact)로 재생산된다. 이렇게 재생산된 '진실이 아닌 진실'을 편견(prejudice)이라고 한다.

편견(prejudice)이란, 상대방이 특정 집단의 성원이라는 이유만으로 상대방을 평가하여 지니고 있는 태도를 의미한다. 대체로 부정적인 특성을 지닌 사회심리학적 개념이다. 편견은 고정관념과는 달리 부정적(또는 긍정적) 정서를 동반한다. 그래서 '좋다', '나쁘다', '따뜻하다', '차갑다' 등의 정서적 평가가 강하게 개입된다. 예를 들면, 여성에 대한 고정관념으로 '개인주의적이고 힘든 일은 기피해' 등을 가지고 있으면, 조직 구성원 중 모든 여자를 보고 그러한 고정관념을 적용시켜 부정적 태도를 지니게 만드는 것이 바로 편견이다.

편견을 지닌 사람들은 상대집단과 그 성원에 대하여 접하는 정보를 편견이 없는 사람들과는 다르게 처리한다. 마치 인지도식이 있을 경우에 관련된 정보처리가

---

5 한규석. (2010). "사회심리학", 학지사 재인용.

신속히 이루어지듯이 편견과 부합하는 정보는 신속히 자동적 처리가 이루어지고, 편견과 부합하지 않는 정보는 소홀히 여기므로, 편견은 있는 것 자체로 타당성을 지니게 되는 경향을 보인다. 편견은 정보처리상 편향(bias)을 초래할 뿐 아니라, 상대집단의 성원을 대했을 때 부정적인 정서를 야기한다. 한 실험에서 남녀 백인 대학생을 대상으로 흑인을 동료로 하여 집단과제(달리기, 집단토의, 조별과제 등)를 하는 것을 생각하도록 하고서, 이들의 안면의 두 부위에 대한 근전도를 측정하였다. 모든 사람들이 흑인과 작업하는 것이 아무 문제가 없다고 하였지만, 흑인에 대한 편견을 지닌 사람들에게서 나타나는 근전도 반응은 긍정적인 정서 부위보다 부정적인 정서부위의 근육이 활성화되는 것을 보여주고 있어, 편견이 부정적인 정서를 동반하는 것을 역력히 보여주었다. 상대 집단에 대한 부정적 정서는 차별적인 행위를 초래함으로써, 편견을 가지는 것이 상대방에 대한 정보처리, 정서, 행동에 좋지 않은 영향을 주는 것을 알 수 있다.

편견으로 인해 행동화하여 표현한다면, 이것을 차별(discrimination)이라고 한다. 차별은 갈등의 표현물, 실제이다. 대개 인권침해적이며 파괴적인 형태로 구현된다.

■ 편견의 유지와 증폭[6]

편견이 어떻게 지속되고, 더욱 차별적으로 극대화하는가? 그 원리를 알아보면 다음과 같다.

▶ 집단규범에의 동조

편견이 특정사회집단에 대해 과도히 단순화된 부정적 인식을 한 집단 내에 공유하고 있는 것이라고 한다면, 편견적인 태도를 취하는 것은 이 집단 내에서 용인되어질 뿐 아니라 조장되는 면이 강하다. 즉 공유된 태도에 동조하는 행동은 심리적 강화를 받게 되고, 그에 어긋나는 행동은 집단에서 따돌림을 받는 등 처벌을 받

6 한규석. (2010). "사회심리학", 학지사 재인용.

기 쉽다. 미국의 연구에서 유태인에 대한 편견이 없던 사람들이 뉴욕 시로 이사를 하고 나서 반유태주의자들과 교류를 하면서부터 반유태적 감정을 품게 되는 현상, 군에 입대한 남부출신들이 인종 간 단합이 요구되는 군대의 규범을 따르느라 흑인에 대한 편견이 줄어드는 현상 등은 사회적 규범에 대한 동조성향에 의해서 편견의 습득이 영향을 받는 것을 보여주는 증거이다. 편견적 태도가 집단 규범에 대한 동조현상 때문에 나타날 수 있다는 간접적인 증거로서 상당수의 연구들은 편견이 높은 개인들은 집단규범에 대한 동조성향이 특히 강한 사람들임을 보여준다.

이 같은 집단규범에의 동조행동은 규범의 정확한 파악에 의해서 나타날 수 있지만, 종종 그릇된 지각에 의해서 실제로는 존재하지 않거나 약하게 존재하는 차별의식에도 불구하고, 이를 과장되게 여김으로써 나타나는 경우가 많다. 즉 다수의 백인들이 지니고 있는 흑인에 대한 태도는 비차별적이고 편견이 없음에도 불구하고, 많은 사람들이 "나는 예외야, 다른 백인들은 매우 차별적임에 틀림없어"하고 믿음으로써 실제보다 훨씬 과장된 형태로 집단 간 갈등을 심화시킬 수 있다. 이를 다원적 무지현상[7]이라고 한다.

영호남 갈등은, 우리들의 인식이 "영남사람들은 호남사람들을 싫어할 것이고, 호남사람들은 영남사람들을 배척할 거야"라는 과장되게 이루어지기 때문에 지속되고 강화되는 지역갈등이다.

자존심의 보존

편견이 지속되는 또 다른 중요한 이유는 편견으로 자존심을 보호하기 때문이다. 편견을 가진 사람은 그 편견을 자신의 자존심을 보호하는 방패로 쓴다. 이들은 상대집단을 멸시, 차별함으로써 스스로 우월하게 느끼고, 자신의 가치를 확인한

7 다원적 무지현상: 성원들이 자기의 견해, 태도는 집단의 그것과 차이가 있으리라고 여겨 자기견해를 남에게 보이지 않음으로써 나타나는 현상. 실제는 차이가 없지만 서로들 견해를 밝히지 않음으로 무지한 인식 속에서 이 현상이 유지된다

다. 한 연구에서, 남녀 대학생들에게 취업응시자에 대한 심사를 하도록 하였다. 응시자의 사진과 이력서를 보게 하였는데, 그가 유태인이라는 정보도 함께 제공하였다. 응시자에 대한 평가를 하기 전에 참가자들이 미리 수행한 IQ검사의 결과를 받았는데, 반은 그 결과가 아주 좋았다고 알게 되었고(상위 10% 이내라고), 나머지 반은 결과가 좋지 않았음(중간 이하라고)을 알게 되었다. 결과가 좋지 않아서 자존심이 상한 사람들은 응시자가 유태인이었을 때 나쁜 평가를 내렸다. 학생들은 평가를 전후해서 자존심 척도에 응답했는데, 나쁜 결과를 받고 유태인 응시자에게 나쁜 평가를 한 학생들은 자존심이 세워진(올라간) 것으로 나타났다. 이 연구는 자존심 이 위협받을 때, 편견의 대상이 되는 집단을 더 강하게 비하함으로써 자존심이 실 추되는 것을 막을 수 있음을 보여주었다.

가설확인적 검증

만약 인간이 가설을 검증할 때 철저한 과학적 자세를 취해 가설과 부합하는 정보와 부합하지 않는 정보를 종합해서 가설의 타당성을 점검한다면, 잘못 형성된 가설의 경우 그 진위가 곧 판명나 별 문제가 없을 것이다. 그러나 사회심리학의 많 은 연구들의 결과에 따르면 우리들의 가설검증이 매우 편향된 형태를 취하고 있어 일단 형성된 가설은 웬만하면 부정되는 일이 드물다. 이 과정을 세 가지로 설명할 수 있다.

첫째, 우선 자료의 수집에서 나타나는 편향성이 있다. 즉 우리는 가설을 검증할 때 가설을 부정해주는 자료보다는 가설을 지지하는 자료를 찾는 경향이 강하다. 이 같은 가설검증은 결코 한 가설이 맞다는 것을 알려줄 수 없으며, 가설은 부정적인 증거에 의해서 그르다는 것만을 보여줄 수 있을 뿐이라는 견해와 배치되고 이 같은 확증적 정보검색 방략은 아주 의심스러운 가설마저도 경험적으로 지지되는 정보를 얻게 만들어 그럴듯하게 치장하여 준다.

둘째, 자료의 해석상에서 나타나는 편향성이 있다. 즉 애매모호한 정보를 접했을 때, 이를 기대에 걸맞는 것으로 해석하는 것이다. “남성은 공격적이다”라는 가설이 있다면, 어떤 남성이 나에게 친절하게 대한다면, 그것은 나를 공격하기 위해 거짓으로 행동하는 것으로 여겨질 수 있다. 또한 기대에 부응하지 않는 행동은 상황특수적인 것으로 여겨질 수 있다. 따라서 부합하지 않은 행동이 다른 기존의 정보의 맥락에서 설명되어진다면, 그 행동은 더 이상 모순성을 띠지 못하게 된다.

셋째, 기억의 용이성에서 나타나는 편향성이다. 즉 기대와 부응하는 사건의 발생빈도를 과다하게 평가할 뿐 아니라 그러한 사례가 보다 쉽게 떠오르는 것이다. 심지어 사람들은 자신들의 기억을 고정관념에 맞추어 재구성하기도 한다. 한 실험참가자들에게 신사복을 입힌 흑인과 면도칼을 든 백인의 사진을 보여주고 나서, 후에 그 사진을 회상하도록 했을 때, 많은 사람들이 백인이 신사복을 입었고 흑인이 면도칼을 들고 있는 것으로 진술하였다. 사회적 행위의 해석과 회상은, 이처럼 사전 기대감에 의해 왜곡되어지는 경우가 많다.

이 같은 편향성들에 의해 얻어진 성차에 따른 편견을 지지해주는 실례들은 그 편견의 타당성을 더욱 강하게 만든다. 예를 들어, “여성주의자는 외모를 가꾸지 않을 것이다”는 가설을 갖게 된 사람들의 경우, 그는 여성주의자들 중 외모를 가꾸는 사람을 찾아서 이 가설이 잘못되었음을 알고 이 가설을 부정하려는 대신에, “외모를 가꾸지 않는 여성주의자”의 사례를 찾고(분명히 있음) 그러한 사례들의 발견으로 지닌 가설을 더욱 사실로 여기게 된다. 그가 찾으려고 노력을 하면 그 가설을 부정할 수 있는 많은 자료를 발견할 수 있음에도 불구하고, 이 같은 자료는 가설의 타당성과 무관한 것처럼 또는 예외적인 경우로 여기는 것이다.

확증적 정보탐색은 가설지지적인 자료를 구하기 쉬울 뿐만 아니라 더 나아가서 편견의 대상인물과 교류 시 그로 하여금 편견에 부응하는 행동을 보이게끔 만들기도 하는 자성예언 현상[8]을 초래한다.

8 일명 “피그말리온 효과”라고 하기도 함. 사람에 대하여 지닌 기대는 상대방에게 영향을 미쳐서, 그 기대가 충족되는 현상이 나타나는 것을 일컫는다. 학급성적이 5등인 학생에게 1등인 성적표를 제공해

■ 편견의 해소[9]

특정 집단의 사람들에 대하여 다른 사람들이 지니고 있는 태도나 편견을 고치는 일은 쉬운 일이 아니다. 그렇다고 불가능한 것도 아니다.

▶ 편견의 저항과 그 극복

편견의 대상이 되는 집단에 대하여 새롭게 알게된 정보가 이미 지니고 있는 편견이나 고정관념과 상치하는 경우에 편견이 변화하는가? 사실 불행하게도 그렇게 쉽게 편견이 해소되지 않는다. 사람들은 자기의 기대감에 반하는 정보를 접할 때, 그 개별적 정보를 설명해 내려는 경향을 지니고 있어서, 이에 성공하면 원래의 생각을 그대로 강화하게 된다. 즉 상반되는 정보를 특수하고 예외적인 것으로 여겨 버리는 것이다. 남성 중심의 조직사회에서 성공한 여성에 대하여 사람들은 능력보다는 관운이 좋아서, 시대를 잘 만나서, 혹은 특수한 사례로 취급함으로써 성 고정관념을 변화시키지 않는다.

그렇다면, 일치하지 않는 정보를 무시하거나, 예외적인 경우로 취급할 수 없을 정도로 많은 경우에 고정관념이 변화되는가? 이 답도 긍정적이지 않다. 사회에서 성공한 여성들이 많이 나타날 때, 사람들은 여성의 하위집단을 구성하여, 독특한 집단으로 취급하여 성 고정관념을 변화시키지 않는다. 이들 여성을 아주 공격적이고, 똑똑하며, 교육수준이 높은, 남성성을 지닌 여성같지 않은 여성들(무늬만 여성)로 묶어 버리는 것이다. 대상집단을 하위범주로 세분화할 수 있다면 전체 집단에 대한 고정관념의 변화가 불필요하게 된다.

이 같이 고정관념에 반하는 정보들에 저항하는 인지적 방략이 존재하므로 편견은 끈질기게 버틴다. 이를 없애기 위해서는 고정관념과 상치하는 정보가 반복적인

주면, 결국 그 학생이 1등이 되고, 1등인 학생에게 5등 성적표를 주면, 성적이 떨어지는 효과를 의미한다. 즉 기대한대로 변해가는 것이다.

9 한규석. (2010). "사회심리학", 학지사 재인용.

현상으로(고정관념을 가지고는 설명이 곤란하게) 그리고 대상집단 성원들에게서 널리 두루(하위범주로 묶어 처리하기 곤란하게) 나타나야 한다. 전형적인 여성의 특성을 지닌 사람들이 직업세계에서 성취를 보이는 사례를 많이 접할 때 우리 사회에서 여성에 대한 편견이 줄어들 것이다.

▶ 집단 간 접촉의 증가

편견을 감소시키는 효과적인 접근은 두 집단 성원들 간의 직접적인 접촉을 강화시키는 것이다. 좋은 예로, 2차 세계대전 초기만 해도 미국의 군대에 백인과 흑인의 혼성 부대는 없었으나, 백인 지원자가 부족하게 되면서 혼성부대의 편성이 불가피하게 되었다. 이러한 편성에 가장 큰 반대를 한 것은 백인이었으며, 그 중에서도 이전에 흑인과 교류가 거의 없는 사람들이었다. 흑인과 교류가 있던 사람들은 이러한 편성을 지지하였다. 일반적으로 흑인과 교류를 많이 하는 백인들이 흑인에 대한 편견이 덜한 것으로 나타났다. 미국 전역을 대상으로 한 조사에서는 인종통합을 입법화한 지 20년이 넘었지만 여전히 인종간의 분리현상은 존속하고 있는 것으로 나타났다. 흑인을 가깝게 잘 알고 있는 사람들이 편견을 덜 가지고 있었다.

물론 무조건적인 빈번한 접촉이 편견 해소에 효과가 있는 것은 아니다. 해소효과는 백인이 자신보다 사회경제적 지위가 상위에 있는 흑인과 교류하는 경우에 가장 두드러지게 나타나고 있다. 미국에서 1954년 대법원 판결로 인종분리 학교가 위헌 판결이 나서 미국 남부에서 학교통합을 둘러싼 갈등이 심했다. 그러나 북부에서는 생활 거주지역의 자연스러운 분리 때문에 학교들이 분리정책을 쓴 것은 아니지만 분리되어 있었다. 이렇게 인종 간에 분리된 생활을 함으로써 그릇된 편견이 더욱 심해졌고 사회 문제화되어 1957년에 편견을 불식시키기 위한 접근으로 인종통합정책을 입법화하였다. 인종통합을 실현시키기 위해 소위 버싱(통합을 위해 반 강제로 학교 버스로 통학시키는 정책)을 강행하였다. 그러나 이 정책은 편견을 해소하는데 큰 도움이 되지 않았다. 이러한 결과는 단순하게 서로의 접촉을 증가시키는 것만으로는 편견해소가 이루어지지 않음을 시사하고 있어 어떠한 접촉이 편견해소에 유효한지에 대한 연구를 촉발시키게 되었다.

효과적인 접촉이 되기 위해서는 몇 가지 조건이 구비되어야 한다.

첫째, 집단 간 접촉이 동등한 지위에서 장기적으로 긴밀하게 이루어져야 한다. 즉 기존의 우열관계에 바탕을 둔 접촉은 편견을 없애는 데 도움이 되지 못한다. 두 집단의 사람들이 만날 기회는 있지만 긴밀하지 못할 경우, 접촉은 기존의 편견을 재확인시켜주는 경우가 오히려 많다. 결국 사람들이 지니고 있는 도식, 고정관념을 바꾸기 위해서는 그것과 반대되는 많은 증거를 접해야 하는데 피상적인 접촉은 이러한 증거를 제공하지 못한다. 아우슈비츠에서 일한 나치 의사들은 수용된 유대인 의사의 조력을 받을 수밖에 없었다. 이들은 도움을 받으며 감독을 하면서 그들이 지닌 인간적 면모를 많이 접하게 되었고 나중에는 이들의 처후개선을 위해 노력했다고 한다. 독일 사업가인 쉰들러도 유대 노동자들의 값싼 노동력을 이용하기 위해 유태인들을 고용하였지만 이들과 밀접하게 장시간 생활을 하면서 인간적인 연민을 느끼게 되어 처형될 뻔한 1,161명의 유태인을 구출할 수 있었다.

둘째, 두 집단 성원 사이의 관계가 상호협조적인 의존관계가 되어야 한다. 즉 공동목표를 지니고 이를 달성하기 위해 협조해야 하는 경우, 적개심과 편견이 감소된다. 한 연구는 교실에서 학우들 간의 경쟁심과 적개심, 편견을 해소하기 위한 조각 맞추기 교육프로그램을 개발하여 좋은 효과를 보였다. 두 집단이 협동하는 상황에서 집단 간 편파가 덜 나타나는 것은 두 집단 간의 구분이 불분명해졌기 때문에 나타나는 결과였다. 아울러 협동적 과제의 수행결과가 성공적으로 나타났을 때 실패한 경우보다 집단 간 편파가 적게 나타남을 보였다.

셋째는 편견을 잘못으로 보고 집단성원간 평등성을 당연시하는 사회적 규범이 존재하고 분쟁의 조정, 감독역할을 하는 사람들 간에 합의가 존재해야 한다. 이런 여러 가지 조건을 갖춘 상태에서 벌어지는 집단성원 간의 접촉은 편견 해소 및 타집단 성원에 대한 친밀감을 증대시키는 효과가 크다. 빈번한 접촉을 통해서 사람들이 대상집단의 성원들에게 보이는 고정관념과 부합하지 않는 행동을 알게 되고, 이것이 누적되면서 상대집단을 획일적으로 다룰 수 없음을 인식하게 된다. 이러한 인식은 고정관념적 신념의 한 축인 외집단 동질성에 대한 가정을 무너뜨리면서 고정관념을 약화시키는 것으로 나타났다.

집단 간 우정의 형성

편견의 대상이 되는 집단의 성원과 우정이 성립된다면, 이는 집단의 벽을 허무는데 큰 효과가 있다. 이 효과는 복합적인 효과를 지닌 것으로 나타난다. 우선, 우정을 지닌 당사자에게 있어서, 상대집단에 대해서뿐만 아니라 다른 집단에 대한 편견도 감소시키는 효과가 있다. 4천명 가량의 유럽의 주민들을 대상으로 조사한 연구는 다른 문화와 인종간의 친구관계를 형성하고 있는 사람들에게서 자신과 직접 관계가 없는 문화에 대한 편견도 낮은 것으로 나타나고 있다. 편견해소 효과가 일반화되어 나타난다는 점에서 편견해소를 위해서 모든 집단에 대한 편견을 일일이 대상으로 삼지 않아도 되는 것을 의미한다.

또 다른 효과는 자기 집단 내의 다른 성원들에게도 그 효과가 미친다는 점이다. 한 여름캠프 현장실험과 유사한 상황에서 참가자들을 두 팀으로 만들고, 서로 경쟁하도록 한 후, 각 집단에서 한 사람씩을 만나게 하여 친밀한 관계를 도모하도록 종용했다(서로를 알리고, 친밀한 대화를 나누도록 함). 다른 사람들은 집단 간 접촉이 없이 다른 과제를 하도록 하였다. 이 우정의 대화를 나눈 사람들이 자기 집단으로 돌아가서 자기의 경험을 이야기하도록 하였다. 이 전체 과정은 하루종일 지속되었는데 각 단계마다 상대집단에 대하여 지니는 편견과 적대적 행위의 정도를 여러 가지 방법으로 측정하여 비교하였다. 그 중의 한 측정치는 500달러의 상금을 타서 두 집단이 나누어 가지게 된 상황에서 자신들이 얼마나 더 가지겠는가를 묻는 것이었다. 그 결과 자신의 집단성원이 상대집단 성원과 친해졌다는 이야기를 들었을 때, 자기 몫으로 취하는 액수가 현저히 떨어지는 것을 볼 수 있다. 친구의 친구는 친구가 되는 현상이 편견을 불식시키는데 도움이 되는 것을 보여주는 것이다.

사회적 재범주화에 의한 조망확대 사회적 자아중심성 이론을 제시한 여러 학자들은 사회적 범주화가 일어날 때 내집단에서 선호하는 특정가치를 판단준거로 삼아 내외집단을 판단하는 조망축소가 일어난다고 보았다. 그리고 이 같은 조망의 축소를 방지하는 것이 특정집단의 가치집착을 막을 수 있다고 보았다. 이를 검증하기 위해, 남녀집단 간 경쟁하게 한 범주화 조건과, 남녀를 단일 집단으로 묶어 남녀가 협동과제를 하게 한 재범주화 조건으로 구분하여 각 조건에서 사람들의 조망과 편견을 측정한 결과, 범주화 조건에서 남자는 주도가치를 판단준거로 삼고, 여자는 친화가치를 판단준거로 삼아, 각기 자기 집단의 특정가치를 준거로 삼는 것이 나타났다. 재범주화 조건에서는 남녀 모두 주도가치와 친화가치를 동시에 판단준거로 삼는 조망확대가 나타났다. 아울러 범주화 조건에서는 남자는 주도가치를 판단준거로 삼을수록 남자는 좋고, 여자는 싫다고 판단하는 경향이 나타나고, 반면에 여자는 친화가치를 판단준거로 삼을수록 여자는 좋고 남자는 싫다고 판단하는 경향이 나타났다. 이 경향은 재범주화 조건에서는 나타나지 않았다. 이 같은 결과는 내외집단이 추구하는 두 가지 판단준거를 모두 취하는 조망을 확대하는 경우에는 편견이 감소하고, 내집단에서 추구하는 단일가치만을 판단준거로 삼는 경우에 조망이 축소되어 편견이 증가함을 의미한다. 한 왕따현상에 대한 연구에서 학생들에게 괴롭힘을 당한 이유를 다양한 관념에서 고려하는 기회를 제공하는 경우, 그렇지 않은 학생들에 비해서 조망의 확대가 나타나, 피해자에 대한 편견이 줄어드는 현상이 일주일 후에도 나타남을 보였다.

4. 토의 및 발표

■ 유아의 성역할 발달, 부모 / 교사가 성역할 고정관념 버려야[10]

유아의 성역할 발달, 부모 / 교사가 성역할 고정관념 버려야

아동발달 이론 중 '생물학적 결정론'에 따르면, 이미 주어진 성별적 차이로 인해 유아의 성역할 발달에 있어서 환경이나 학습이 개입될 여지가 없는 것으로 알려져 있다. 하지만 일부분 주요하지 않은 수준에서 환경의 영향을 고려한다는 점을 생각해보면, 대부분의 이론들이 성역할 발달이라는 것이 다분히 사회적이고 문화적인 부분에 기인하다는 점을 알 수 있다.

한 언론사에서 8개 출판사 영유아학습지 13종을 분석한 결과, 대부분의 학습지에서 부모의 역할을 다르게 그리고, 성별에 따라 가질 수 있는 직업이 편향적이고, 장난감을 갖고 노는 모습 등이 다분히 성차별적으로 그려진 것으로 알려졌다. 엄마는 앞치마를 두르고 집안일을 하는 모습인 반면, 아빠는 양복을 입고 서류가방을 든 모습으로 나왔다. 아이들이 갖고 노는 장난감도 여자는 인형, 남자는 기차나 로봇이고, 남자아이들은 뛰어다니거나 운동을 하는데, 여자아이들은 얌전히 앉아서 이야기를 나누는 등 정적인 모습으로 그려졌다.

특히 직업을 가진 경우 남자는 전문직이고 여자는 주부가 대부분이며, 그나마 직업이 있어도 무용수, 은행원 등으로 표현되었고, 같은 공간에서 일해도 남자는 의사인데 여자는 남성 뒤에서 간호사 또는 보호자로 표현되고 있었다.

중 략……

[브릿지경제] 2019. 7. 29
오수정 기자

---

10 [브릿지경제] 유아의 성역할 발달, 부모 / 교사가 성역할 고정관념 버려야. http://www.m.viva100.com/view.php?key=20190729001001198#_enliple

▶ 유아기에 위와 같은 학습과정이 있었는지 생각해 봅시다.
그 사례를 들고, 그때 어떤 기분이 들었는지 이야기해 봅시다.

▶ 일상생활에서 일어나는 성역할 고정관념에 대해 말해 봅시다.

【참고문헌】

1. [서울경제] 국민 70% '남편 돈벌고 아내 가정 돌보는' 전통적 성역할 "동의못해". https://news.v.daum.net/v/20190624082926878
2. 권석만. (2017). "현대 성격심리학–이론적 이해와 실천적 활용", 학지사.
3. 송길연, 김수정, 이지연, 양돈규 공역. (2000). "발달심리학", 시그마프레스.
4. 양설. (2012). "성적 소구 광고 주한 비교 사례연구: 젠더, 성 상품화, 성인식 등을 중심으로", 청운대학교 정보산업대학원 석사학위논문.
5. 한경. (2013). "여대생의 성적 대상화와 경험, 외모에 대한 사회문화적 기준의 내면화, 신체감시, 신체수치심이 취업스트레스에 미치는 영향", 원광대학교 일반대학원 석사학위논문.
6. 한규석. (2010). "사회심리학", 학지사.
7. 한정자. (2004). "성차와 성차별의 이해", 군인의 성인지력 향상을 위한 교육교재 개발 결과 보고서, 여성부.
8. [브릿지경제] 유아의 성역할 발달, 부모 / 교사가 성역할 고정관념 버려야. http://www.m.viva100.com/view.php?key=20190729001001198#_enliple

3

성인지 감수성

1. 학습목표

- 성인지 감수성의 의미에 대해 이해하기
- 최근 대법원 판례에서 언급된 성인지 감수성 의미 살펴보기

♣ 주요개념: 성인지 감수성

2. 들어가며

■ "성인지 감수성"[1] 관련 대법원 판례

"대법, 여제자 성희롱 교수 복직 판결에 성인지 감수성 결여"

대법원이 제자를 성희롱한 교수 해임이 부당하다는 고등법원 판단을 두고 피해자 사정을 헤아리지 못한, '성 인지 감수성' 이 떨어진 잘못된 결정이라고 지적했다.

대법원 2부(주심 권순일 대법관)는 대구 소재 한 사립전문대에서 해임된 장모 전 교수가 "해임 처분을 취소해달라"고 교원소청심사위원회를 상대로 낸 소송 상고심에서 원고 승소 판결한 원심을 깨고 패소 취지로 사건을 서울고법으로 돌려보냈다고 13일 밝혔다.

재판부는 "가해자가 교수, 피해자가 학생이며, 그 행위가 수업이 있는 실습실이나 연구실 등에서 발생했다"라며 "취업 등에 중요한 교수의 추천서 작성 등을 빌미로 성적 언동이 이뤄졌고 반복된 정황이 있다"고 지적했다. 이어 "우리사회 전체의 일반적이고 평균적인 사람이 아니라 피해자들과 같은 처지에 있는 평균적인 사람의 입장에서 성적 굴욕감이나 혐오감을 느낄 수 있는 정도였는지를 기준으로 심리 · 판단했어야 옳았다"고 지적했다. 대법원은 특히, 피해자가 2차 피해 등을 입을 수 있는 상황에서 신고 뒤 소극적인 태도를 보인다고 진술 신빙성이 없다고 단정해선 안 된다고 밝혔다.

재판부는 또 **"법원이 성희롱 관련 소송 심리를 할 때 사건이 발생한 맥락에서 성차별 문제를 이해하고 양성평등을 실현할 수 있도록 성인지 감수성을 잃지 않아야 한다"**며 "우리사회의 가해자 중심적 문화와 인식 등으로 성희롱을 문제 삼는 과정에서 피해자가 오히려 부정적 반응이나 여론 등 2차 피해를 입을 수 있다는 점을 유념해야 한다"고 밝혔다.

장 전 교수는 학과 여학생들에게 수 차례 성희롱과 성추행을 했다는 이유로 2015년 4월 해임되자 소송으로 맞섰다. 장씨는 여학생들에게 "뽀뽀를 해주면 봉사활동추천서를 만들어주겠다" "남자친구와 왜 사귀냐, 나랑 사귀자" 등의 말을 내뱉은

---

1 [한국일보] 대법, 여제자 성희롱 교수 복직 판결에 "성인지 감수성 결여" https://www.hankookilbo.com/News/Read/201804131149180087

것으로 조사됐다. 수업 중 질문하는 여학생을 뒤에서 껴안는 듯한 이른바 '백허그' 자세로 지도하는 등 부적절한 신체 접촉을 하기도 했다.

1심은 장씨 해임은 아무런 문제가 없다고 판단했다. "우월적 지위를 이용해 저항하기 어려운 여학생들을 상대로 반복적으로 성희롱했고, 피해자들은 상당한 성적 수치심과 정신적 고통을 느꼈다"고 지적했다.

반면, 2심은 해임은 잘못됐다고 봤다. "장씨가 평소 학생들과 격의 없고 자주 농담을 한 점에서 피해자가 성희롱 발언으로 느꼈다고 보기 어렵고, 수업 중에 백허그를 했다는 것은 상상하기 어렵고, 강의평가에서도 언급되지 않았다"는 판단 근거를 들었다. 또 피해자 1명은 다른 피해자 부탁으로 뒤늦게 신고했고 자신의 피해를 수사기관이나 법원에서 진술을 거부한 점 등에 비춰 성추행 피해자의 대응으로 볼 수 있을지 의문이라고 밝혔다.

[한국일보] 18. 4. 13
손현성 기자

▶ 1심과 2심 판결에 대한 자신의 의견을 적어봅시다.

대법원 판결에서 성인지 감수성이 의미하는 바는 무엇일까요?

3. 생각해봅시다

■ 성인지 감수성이란?

성인지 감수성(Gender Sensitivity)은 첫째, 일상생활 속에서 성차별적 요소를 감지해내는 민감성, 둘째, 차이를 차별하지 않고, 다양성으로 존중할 수 있는 능력, 그리고 마지막으로 성평등 실천을 위한 필수적인 민감성을 의미한다.

■ 나의 성인지 감수성 수준은?

○ 성인지 감수성 문항(2018, 고용노동부)

성희롱 유발과 관련이 있는 여러 측면에서 점검자의 사고방식 및 행동방식과 행동에 영향을 미치는 조직문화에 대해 점검

문 항	매우 그렇다 (1)	그렇다 (2)	보통 (3)	그렇지 않다 (4)	전혀 그렇지 않다 (5)
1. 나는 평상시 직원들의 외모나 옷차림새에 대한 얘기를 가끔 하는 편이다.					
2. 술자리에서 가끔 성적 농담을 하는 직장 동료는 큰 문제가 아니라고 생각한다.					
3. 사소한 성적언동까지 성희롱으로 문제를 제기하는 것은 조직문화를 경직되게 만든다.					
4. 나는 성희롱을 목격하거나 들었을 때 문제제기하거나 도움을 주는 등 나서지 않는다.					
5. 나는 직원들과 격려나 친밀감의 표시로 신체적 접촉을 자주 하는 편이다.					
6. 노출이 심한 옷을 입는 여성동료를 보면 성희롱에 많이 노출될 것 같다.					
7. 성희롱은 대부분 피해자가 제대로 대처하지 못해 발생하는 경우가 많다.					

문항	매우 그렇다 (1)	그렇다 (2)	보통 (3)	그렇지 않다 (4)	전혀 그렇지 않다 (5)
8. 성희롱 피해가 여성에게 많이 발생하는 이유는 여성이 지나치게 예민하거나 의사소통 기술에 문제가 있기 때문이다.					
9. 고객서비스 부서나 상담 부서의 경우 부드러운 분위기를 위해 여성 직원이 맡는 것이 더 적합하다.					
10. 나는 평상시 남자가~ 여자가~ 라는 말을 하는 자주하는 편이다.					
11. 나는 여성직원에게 결혼이나 출산계획에 대해 가끔 물어보는 편이다.					
12. 직장에서 여성은 여성답게 남성은 남성답게 복장을 갖추어야 한다고 생각한다.					
13. 육아휴직을 사용하는 남성을 보면 승진을 포기한 사람이구나! 라는 생각이 든다.					
14. 우리 회사는 복사, 회식장소 예약, 동료 생일 챙기기 등 비업무적인 일은 여성들이 담당하고 있다.					
15. 우리 회사는 직원 화합을 위한 행사에서 남녀를 구분하여 참여하도록 기획한다.					
16. 나는 성희롱 사건을 신고할 수 있는 사내 공식적, 비공식적 절차에 대해 잘 모른다.					
17. 우리 회사는 성희롱 사건 당사자의 비밀 보호에 소홀하다.					
18. 평소 경영진과 관리자는 성희롱 예방에 대해 별 관심이 없다.					
19. 우리 회사는 성희롱 행위자에 대해 징계 등 인사상 불이익 조치를 형식적으로 하더라도 피해자를 보호하지는 못할 것 같다.					
20. 우리 회사는 성희롱 발생 시 정해진 절차를 준수하지 않는 편이다.					

○ 성인지 감수성 범주별 결과

문항	범주	평 가	평균
1번~8번	직장 내 성희롱에 대한 관대화 정도	이 문항의 평균점수가 5점에 가까울수록 귀하가 직장 내 성희롱에 관대하지 않은 것입니다. 성희롱에 관대하지 않은 개인과 회사에서 성희롱이 발생할 가능성이 낮습니다.	○점
9번~15번	성역할 고정관념	이 문항의 평균점수가 5점에 가까울수록 귀하는 성역할 고정관념을 가지고 있지 않은 것입니다. 성역할 고정관념이 약할수록 성차별적, 성희롱적 언동을 할 가능성이 낮습니다.	○점
16번~20번	직장 내 성희롱에 대한 제도화 정도	이 문항의 평균점수가 5점에 가까울수록 회사의 성희롱 규율의 제도화가 잘 되어 있는 것입니다. 성희롱에 대한 규율이 잘 제도화되어 있을수록 성희롱 발생 가능성은 낮습니다.	○점

■ 성인지 감수성 대법원 판례

○ 대법원 2018. 4. 12. 선고 2017두74702 판결(주심: 권순일 대법관)

법원이 성희롱 관련 소송의 심리를 할 때에는 그 사건이 발생한 맥락에서 성차별 문제를 이해하고 양성평등을 실현할 수 있도록 '성인지 감수성'을 잃지 않아야 한다(양성평등기본법 제5조 제1항 참조).

그리하여 우리 사회의 가해자 중심적인 문화와 인식, 구조 등으로 인하여 피해자가 성희롱 사실을 알리고 문제를 삼는 과정에서 오히려 부정적 반응이나 여론, 불이익한 처우 또는 그로 인한 정신적 피해 등에 노출되는 이른바 '2차 피해' 를 입을 수 있다는 점을 유념하여야 한다. 피해자는 이러한 2차 피해에 대한 불안감이나 두려움으로 인하여 피해를 당한 후에도 가해자와 종전의 관계를 계속 유지하는 경우도 있고, 피해사실을 즉시 신고하지 못하다가 다른 피해자 등 제3자가 문제를 제기하거나 신고를 권유한 것을 계기로 비로소 신고를 하는 경우도 있으며, 피해사실을 신고한 후에도 수사기관이나 법원에서 그에 관한 진술에 소극적인 태도를 보이는 경우도 적지 않다. 이와 같은 성희롱 피해자가 처하여 있는 특별한 사정을 충분히 고려하지 않은 채 피해자 진술의 증명력을 가볍게 배척하는 것은 정의와 형평의 이념에 입각하여 논리와 경험의 법칙에 따른 증거판단이라고 볼 수 없다.

'성인지 감수성'을 거론한 대한민국 최초의 판례

○ 대법원 2018. 10. 25. 선고 2018도7709, 판결(주심: 박정화 대법관)

법원이 성폭행이나 성희롱 사건의 심리를 할 때에는 그 사건이 발생한 맥락에서 성차별 문제를 이해하고 양성평등을 실현할 수 있도록 '성인지 감수성' 을 잃지 않도록 유의하여야 한다(양성평등기본법 제5조 제1항 참조). 우리 사회의 가해자 중심의 문화와 인식, 구조 등으로 인하여 성폭행이나 성희롱 피해자가 피해사실을 알리고 문제를 삼는 과정에서 오히려 피해자가 부정적인 여론이나 불이익한 처우 및 신분 노출의 피해 등을 입기도 하여 온 점 등에 비추어 보면, 성폭행 피해자의 대처 양상은 피해자의 성정이나 가해자와의 관계 및 구체적인 상황에 따라 다르게 나타날 수밖에 없다. 따라서 개별적, 구체적인 사건에서 성폭행 등의 피해자가 처하여 있는 특별한 사정을 충분히 고려하지 않은 채 피해자 진술의 증명력을 가볍게 배척하는 것은 정의와 형평의 이념에 입각하여 논리와 경험의 법칙에 따른 증거판단이라고 볼 수 없다.

4. 토의 및 발표

■ 내가 생각하는 성인지 감수성이란?[2]

"손잡고 웃었어도 성폭행 판결…무죄가 유죄로 뒤집힌 까닭"

김모(21)씨는 2017년 1월 26일 포장마차에서 만난 여성 A씨를 인근 건물 3층 옥상으로 데려가 성폭행한 혐의로 재판에 넘겨졌습니다. 1심은 김씨에게 무죄를 선고했습니다. 범행 직후 두 사람이 손을 잡고 옥상을 내려가는 장면과 여성이 웃는 모습이 담긴 건물 폐쇄회로(CC)TV 영상이 나왔기 때문입니다. 집에 들어온 A씨가 김씨와 웃으면서 통화하는 내용의 녹음 파일도 증거로 제출됐습니다.

하지만 2심 재판부는 지난해 12월 김씨에게 징역 1년 6개월을 선고했습니다. 서울고법 12형사부(재판장 홍동기)는 "사회통념상 강간 피해를 당한 직후의 여성의 행동으로 보기 어렵다고 할 수 없다"며 1심의 판단을 뒤집는 문구를 판결문에 4번이나 반복해 적었습니다.

1심 "강간 피해 후 웃음 이해 안 돼"
2심 "호의적 의미의 웃음 아니다"

가해자로 지목된 김씨는 "옥상으로 올라가고 스킨십을 했던 건 기억나는데, 이후엔 기억이 안 난다. 집에 가는 택시에서부터 기억이 난다"고 증언했습니다. 따라서 1심에서는 A씨 진술의 신빙성을 따지는 것 위주로 재판이 진행됐습니다.

1심 판결문에 따르면 A씨가 술집을 나와 김씨와 함께 옥상으로 올라간 건 자발적이었습니다. 경찰 조사에서 그는 "처음에는 (김씨에 대해) 나쁘게 생각을 안 했고, 나가서 (술을) 같이 더 마실 생각도 있었다"는 취지로 진술했습니다.

그런데 옥상에서 A씨의 마음이 변했습니다. 그는 "몸 상태가 좋지 않았는데 김씨가 피임 도구도 사용하지 않으려 해 성관계를 거절했다. 그러자 그가 거친 말을 하며

---

2 [중앙일보] 손잡고 웃었어도 성폭행 판결…무죄가 유죄로 뒤집힌 까닭
https://news.joins.com/article/23358452

나를 강제로 눕혔다"고 수사기관과 법정에서 밝혔습니다.

이에 대해 1심은 "A씨가 사건 당시 김씨에게 호감이 있었던 것으로 보이고, 김씨가 성관계를 시도한 것 자체보다 배려 없이 성관계를 시도한 것에 대해 더 큰 불만을 표시한 것으로 보인다"고 판단했습니다.

반면 2심은 김씨에 대한 호감을 솔직하게 밝힌 A씨의 태도가 오히려 진술의 신빙성을 높여준다고 봤습니다. 또 김씨가 '그 순간' 만 기억하지 못한다는 것도 납득하기 어렵다고 결론내렸습니다.

성폭행 피해자가 범행 직후 가해자와 손을 잡고 웃을 수 있는가. 이 사건에서 가장 큰 논쟁을 부른 부분입니다. 이에 대해 A씨는 법정에서 "옥상을 나온 후 혼자 '어떻게 빠져나갈까' 궁리를 하고 있는데 김씨가 자신을 꽉 잡고 있어서 일단은 그대로 내려갔다"고 진술했습니다. 이후 빠져나갈 틈을 보다가 택시를 잡았지만 김씨가 밀고 들어와서 억지로 함께 타고 집 앞까지 함께 가게 됐다는 게 A씨의 설명입니다. 범행 과정에서의 웃음이나 통화하면서 웃은 것에 대해서도 A씨는 "너무 화가나고 허탈해서 헛웃음을 지은 것"이라 주장했습니다.

이에 대해 1심 재판부는 A씨의 행동이 "사회통념상 강간 피해를 당한 직후의 여성의 행동으로 이해하기 어렵다"고 판단했습니다. 하지만 2심 재판부는 "피해자가 사건 발생 장소나 가해자로부터 벗어나는 과정에서 다소 순응하는 태도를 보일 수 있다"고 봤습니다. 또 A씨의 '웃음' 도 그 자체로 호의적이거나 긍정적인 의미는 아니라고 덧붙였습니다.

전문심리위원이 "A씨가 1심에서 패소하고도 (포기했다는 취지로) 웃었을 정도로 체념할 때나 당혹스러울 때 습관적으로 웃는 특성을 가졌다"고 분석한 내용도 판결에 반영됐습니다.

당일 오간 통화에 대해서도 1심은 "웃으면서 통화할 이유가 없다"고 본 반면 2심은 "전체 내용을 보면 김씨가 '시간 있냐' 고 묻자 계속 모른다며 대답을 회피하는 것에 가깝다"고 했습니다.

1심은 김씨가 여성으로부터 성관계에 대한 동의를 받지 못했다는 건 인정하면서도 강간죄가 성립되기에는 미흡하다고 봤습니다. 현행법상 강간죄가 되려면 피해자의 항거를 현저히 곤란하게 할 정도의 폭행이나 협박이 수반되어야 합니다. 1심 재판부는 "검사가 제출한 증거만으론 피해자의 거부에도 김씨가 항거를 불가능하게 할 정도로 폭행, 협박해 간음한 사실이 증명됐다고 보기 어렵다"고 판결문에 적었습니다.

반면 2심은 1심 재판부가 섣불리 단정했다고 지적했습니다. 만일 A씨가 계속 반항할 경우 김씨가 어떤 위해를 가할지 알 수 없어 몇번의 반항 이후 포기할 수밖에 없었다고 본 겁니다. 2심 재판부는 "피해자를 직접적으로 가격하거나 협박하지 않았다고 하더라도 충분히 피해자의 항거를 곤란하게 할 정도에 이르렀으므로, 이는 강간죄의 성립에 필요한 폭행에 해당한다"고 설명했습니다.

2심 재판부는 이 사건 판결문에 '성인지 감수성' 에 대해 언급했습니다. 성폭력 피해자가 처한 상황 때문에 대처가 자연스럽지 않을 수 있어 함부로 피해자의 진술을 배척하면 안 된다는 의미입니다.

중앙일보 19.2.11
박사라 기자

▶ 고등법원 판결에서 언급된 성인지 감수성의 의미에 대해 적어봅시다.

▶ 내가 생각하는 성인지 감수성의 의미에 대해 적어봅시다.

【참고문헌】

1. [한국일보] 대법, 여제자 성희롱 교수 복직 판결에 "성인지 감수성 결여"
https://www.hankookilbo.com/News/Read/201804131149180087
2. [중앙일보] 손잡고 웃었어도 성폭행 판결…무죄가 유죄로 뒤집힌 까닭
https://news.joins.com/article/23358452

2부

성 문화와 사회적 이슈

4

성적 대상화

1. 학습목표

- 성적 대상화, 성 상품화 개념 이해하기
- 성적 대상화, 성 상품화가 나타나는 원인, 문제점 생각해보기

♣ 주요개념: 성적 대상화, 성 상품화, 외모지상주의

2. 들어가며

■ 외모의 우열이 능력의 우열이 될 수 있을까?

다음 뉴스 내용을 읽고 외모지상주의에 대해 이야기 해봅시다.[1]

응답자 63% "최근 한 달 새 '외모 지적' 당해봤다"

지난달 19~22일 426명(남 65명, 여 361명)을 대상으로 온라인 설문조사를 실시했다. 많은 응답자들이 외모를 가꾸기 위해 돈과 시간을 쏟았으며, 이로 인해 스트레스를 받았다.

중 략……

응답자 89.2%가 TV 드라마나 영화, 광고 등 대중매체를 통해 외모지상주의를 접했다. 주변 사람들의 말이나 행동(75.1%), SNS(63.4%), 언론매체(44.8%)가 뒤를 이었다. 대다수는 외모지상주의의 심각성을 인지했다. '우리 사회의 외모지상주의가 다른 나라보다 심하다고 생각하느냐' 는 물음에 88.7%가 '그렇다' 고 답했다.

외모지상주의가 사회 전반에 팽배해지면서 한국인들은 '보디 토크' (외모에 대한 대화)도 활발히 해왔다. 외모를 부정적으로 평가하거나 지적하는 발언도 서슴지 않는다. 62.7%가 최근 한 달 동안 외모를 부정적으로 평가하는 발언이나 외모를 비난하는 발언을 들은 경험이 있다고 응답했다. 이런 발언을 들었을 때 81%가 불쾌감 등 부정적인 감정을 느꼈다. 28.2%는 이로 인해 외모를 가꾸기 위한 노력을 시작했다.

[경향신문] 2018.10.12
이보라 기자

1 [경향신문] 응답자 63% "최근 한 달 새 '외모 지적' 당해봤다"
https://n.news.naver.com /article / 032 / 0002897469

▶ 나는 나의 외모에 만족하나요? 만족하지 않나요? 그 이유에 대해 이야기 해 봅시다.

▶ 외모 때문에 차별당한 경험 혹은 내가 외모로 다른 사람을 차별한 경험이 있거나 다른 사람의 외모를 거론한 적이 있나요? 그 이유가 무엇때문이었는지 이야기 해 봅시다.

▶ **우리 사회에서 남성과 여성에게 기대하는 이상적인 외모는 어떤 것들이 있는지 이야기 해 봅시다.**

남성은

①

②

③

여성은

①

②

③

▶ 내가 생각하는 외모지상주의의 문제점에는 어떤 것들이 있을까요?

▶ 우리 사회에서 외모지상주의가 만연해 지는 이유에 대해 말해봅시다.

3. 생각해봅시다

■ 성적대상화 개념[2]

넓은 의미의 대상화란 타인을 자신만의 감정과 의식을 가진 사람으로 보는 것이 아니라 대상이나 물건으로 대하는 것을 의미한다. 하지만 Fredrickson과 Roberts(1997)의 대상화 이론에 따르면 성적대상화는 다른 사람에 의해 관찰되어지거나 이용당하는 존재가 되는 것으로 성폭행부터 성적인 응시까지 여러 가지 형태로 일어나게 된다. 성적인 응시는 신체를 응시하거나 시각적으로 면밀히 살펴보는 미묘한 방식을 말한다. 성적대상화가 일어나게 되면 여성은 신체의 일부분이나 성적인 기능이 여성의 인격 전체로부터 분리되어 단순한 도구에 지나지 않는 존재로 축소된다. 즉, 대상화가 일어나게 되면, 여성은 다른 사람의 용도나 기쁨을 위해서 존재하는 신체로 여겨지는 것이다.

■ 성적대상화가 외모에 대한 태도에 미치는 영향

여성들은 지속적으로 여성의 외모를 중시하는 대중 매체와 사회 분위기에 노출될 뿐 아니라 자신의 신체에 대한 타인들의 평가에 지속적으로 노출된다. 이러한 성적대상화 경험으로 여성들은 마치 타인이 대상을 평가하듯 자신의 신체를 바라보게 되는데 이렇게 자신의 신체에 대한 타인의 관점을 내면화하는 것을 자기대상화라고 한다(한경, 2013).

특히, 대중매체는 여성의 신체에 대한 이러한 이상화된 이미지들을 많은 사람들에게 일반화시킨다. 또한, 여성들은 이성관계 뿐만 아니라 직업 세계에서 이득을 얻기 위해 이러한 이상적인 신체 이미지를 추구하게 된다. 하지만, 이상적인 여성의 신체 이미지는 많은 사람들에게 비현실적인 것이며 성취하기 어려운 것이고,

2 한경.(2013). "여대생의 성적 대상화와 경험, 외모에 대한 사회문화적 기준의 내면화, 신체감시, 신체수치심이 취업스트레스에 미치는 영향", 원광대학교 일반대학원 석사학위논문.

결국 많은 여성들은 자신의 실제와 이상을 비교함으로써 수치심을 가지게 된다. 또한 신체적 미를 강조하는 미묘한 외부의 압력에 반복적으로 노출되면 여성들은 이러한 압력에 복종하게 되고 점차 외모에 대한 사회적 관점은 자아에 통합되어 외모를 가꾸려는 노력은 자신이 자유롭게 선택한 것이며 자연스러운 것으로 인식하게 된다(손은정, 2006).[3]

이러한 외모에 대한 태도는 여성뿐 아니라 남성에게도 나타난다. '외모지상주의' 는 외모를 통해 사람의 가치를 평가하고, 외모가 학업, 직장생활, 결혼생활 등의 성공과 실패를 좌우한다고 믿는 것을 말한다. 대중매체와 미디어문화, 인터넷 등의 21세기 산업이 발달하고 사회가 복잡, 다양해지면서 우리 사회는 '외모가 경쟁력' 이라는 말을 쉽게 하고 있다. 이러한 문화가 널리 퍼질수록 사람들은 외모가 훌륭한지 아닌지에 따라 다른 대우를 받는 것을 당연하게 여기게 되고, 외모를 가꾸지 않는 개개인이 불이익을 받는 것에 대해서도 당연시하게 된다. 이는 우리 사회와 대중문화 속에 외모를 상품화하거나 성적 대상화하는 방식이 오랫동안 자리잡고 있기 때문이라고 할 수 있다.

■ 성 상품화 개념

자본주의 사회에서 인간의 성은 시장경제원리에 의해 이윤 증대를 목적으로 이용되고 있다. 즉 광고, 사교, 오락, 유흥, 향락과 퇴폐에 이르기까지 상업문화에 이용되면서 상품화되고 있다. 성 상품화는 두 가지 유형으로 하나는 성매매집결지나 유흥업소, 보도방, 티켓다방 등과 같이 직접적인 육체적 거래를 통해 성매매를 하는 경우와 다른 하나는 육체적 거래 없이 이미지(광고전단지나 스티커 등), 메시지, 상징(각종 미인대회), 기호(상품 이니셜 등)와 같은 것으로 팔리는 경우이다(노미덕, 2008).[4]

---

3 손은정. (2006). "대상화 경험이 여성의 정신 건강에 미치는 영향", 한국심리학회지:여성, 11 (4), 399~417.

4 노미덕.(2208). "성적 자기결정권의 보호와 강간죄의 객체에 관한 여성주의적 고찰", 전남대학교 석사학위논문.

즉, 성의 상품화란 인간의 성을 직접 혹은 간접적으로 이용하여 이윤추구를 도모하는 것으로 정의할 수 있다. 성 그 자체 또는 성과 관련된 것을 판매하거나, 특정 제품에 성적인 이미지를 부여함으로써 그 제품의 판매를 촉진하는 행위까지 포함한다(김은실, 1998; Featherstone, 1991).[5]

■ 성 상품화와 사회적 현상

특히 여성에 대한 성 상품화로 남성은 여성을 성적 욕구에 대한 해소 대상으로 여기게 되고, 돈으로 성을 사거나 파는 일, 성폭행 등에 대해서 반사회적인 행동으로 인식하지 못하게 된다. 따라서 이러한 남성들의 인식은 끊임없이 성적 충동을 자극받게 되고, 성에 대한 과도한 환상을 낳게 하며, 성적 쾌락 추구를 인생에서 가장 중요하면서도 가볍게 지나칠 수 있는 양면적인 성가치관을 갖게 한다. 결과적으로 여성의 신체에 대한 물상화는 다양한 방식과 변형된 형태로 확대 재생산되고 있다(신선미, 2006).[6]

첫째, 성 상품화를 이용한 여러 성 산업들은 돈만 있으면 성도 살 수 있는 것이고 돈을 벌기 위해서는 성을 팔면 된다는 인식을 만든다. 성 상품화의 대표적인 예가 성매매이다. 성 상품화 현상의 확산으로 예전과는 달리 지금의 성매매는 접촉경로가 다양해졌다. 유흥업소에서는 물론 기타 풍속업소에서 영업방식의 혼재화로 인한 불법적인 성매매 알선이 늘어나고 있다. 이제는 굳이 늦은 시간에 특정한 곳에 찾아 가지 않더라도 거래가 금기시 되는 성을 사고 팔수 있다. 인터넷의 발달로 e-메일로 광고성 메일이 오기도 한다. 불법적인 사이버 성매매는 예상보다 깊숙이 우리 사회에 파고 들어온 상황이다(최수형, 2009).[7]

---

5 김은실.(1998). "대중문화와 성적 주체로서의 여성의 재현", 한국여성학, 14(1), 41~77.

6 신선미.(2005). "성 상품화에 대한 인식: 상품화의 유형, 대상자 및 평가자의 성별에 따른 차이", 한국여성심리학회지.

7 최수형.(2004)."성매매의 사회적 요인에 관한 연구", 고려대학교 석사학위논문.

둘째, 변태적인 성 상품을 양산하며, 가학적이고 공격적이며 폭력적인 성이 경쟁적으로 등장하면서, 현실적으로 성폭력이나 성범죄의 원인이 되기도 한다(신선미, 2005).

셋째, 성 상품화는 상업적인 이해관계와 대중매체의 조작으로 인하여 여성(때로는 남성)을 성적 상품으로 포장하여 비인격적 존재로 비하시킨다. 이러한 현상은 때로는 여성(혹은 남성)이 스스로 자신을 성적대상으로 맡겨 버림으로써 자신의 육체를 상품화하는데 온갖 관심을 보이고, 타인의 성적 평가에 따라 스스로를 평가하는 허위의식에도 빠지게 된다(조혜자, 방희정, 2003). 즉, 우리가 무심코 보아 넘기는 성과 관련된 상품광고는 여성의 성적 매력과 에로티시즘을 부각시켜 여성을 인격체가 아닌 하나의 사물, 이미지 또는 익명의 성적 대상으로 전락하게 만든다. 여성의 성적 매력 갖추기를 부추겨 많은 여성으로 하여금 외모 가꾸기에 집착하도록 하고 있다(최수형, 2004).

4. 토의 및 발표

■ 여성의 성적 대상화 vs 개인의 자유[8]

맞춤 제작업체까지 등장… 거세지는 '리얼돌 수입 및 판매' 논란

리얼돌 수입 및 판매를 금지해주세요
[청와대 국민청원 게시판]

[한국경제] 2019.8.3
노유정 기자 yjroh@hankyung.com

8 [한국경제] 맞춤 제작업체까지 등장… 거세지는 '리얼돌 수입 및 판매' 논란
https://n.news.naver.com /article / 015 / 0004186369

■ 단순한 게임 캐릭터인가? 성 상품화인가?

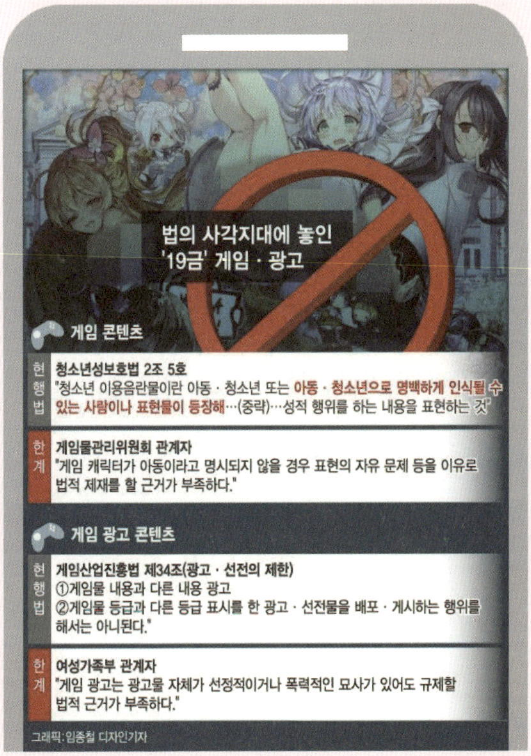

▶ 이러한 성적 대상화, 성 상품화에 대한 규제의 도입은 개인의 자유에 대한 지나친 간섭인지, 아니면 우리 사회에 필요한 제도인지 의견을 이야기 해 봅시다.

- 이에 대한 나의 의견은…

- 그 이유는…

- 위와 같이 주장할 수 있는 근거는

【참고문헌】

1. [경향신문] 응답자 63% "최근 한 달 새 '외모 지적' 당해봤다"
https://n.news.naver.com/article/032/0002897469
2. 한경.(2013). "여대생의 성적 대상화와 경험, 외모에 대한 사회문화적 기준의 내면화, 신체감시, 신체수치심이 취업스트레스에 미치는 영향", 원광대학교 일반대학원 석사학위논문.
3. 손은정.(2006). "대상화 경험이 여성의 정신 건강에 미치는 영향", 한국심리학회지: 여성, 11(4), 399~417.
4. 노미덕.(2208). "성적 자기결정권의 보호와 강간죄의 객체에 관한 여성주의적 고찰", 전남대학교 석사학위논문.
5. 김은실.(1998). "대중문화와 성적 주체로서의 여성의 재현", 한국여성학, 14(1), 41~77.
6. 신선미.(2005). "성 상품화에 대한 인식: 상품화의 유형, 대상자 및 평가자의 성별에 따른 차이", 한국여성심리학회지.
7. 최수형.(2004)."성매매의 사회적 요인에 관한 연구", 고려대학교 석사학위논문.
8. [한국경제] 맞춤 제작업체까지 등장… 거세지는 '리얼돌 수입 및 판매' 논란
https://n.news.naver.com/article/015/000418636

5

성 표현물

1. 학습목표

- 성 표현물과 음란물의 차이 이해하기
- 불법 동영상 촬영 및 공유의 문제점 인식하기

♣ 주요개념: 성 표현물, 음란물

2. 들어가며

■ 불법 동영상 촬영 및 공유

다음 뉴스 내용을 읽고 불법 동영상 촬영 및 공유의 문제점에 대해 이야기 해봅시다.[1]

'성관계 불법 촬영·유포' 피해 여성의 눈물…"
몰카 당했는데 어떻게 거부하나요?"

헤어진 남자친구가 자신의 나체 사진과 성관계 동영상을 불법 촬영해 유포했다며 가해자에 대해 강력 처벌을 요구하는 청와대 국민청원글이 주목을 끌고있다.

청원인은 "(헤어진 남자친구가) 제 알몸과 성관계 장면을 몰래 촬영하고 유포한 이후 정신적 충격으로 직장을 그만뒀다. 기소 이후 자꾸 합의를 요구하며 찾아와 다른 지역으로 이사까지 했다"고 답답한 심경을 토로했다.

중 략……

"그 동영상을 제가 모르는 곳에 유포하거나, 지인들과 돌려보며 낄낄댔을 생각을 하니 정말 죽고 싶다"며 고통을 호소하기도 했다.

이에 A씨는 "제가 강하게 거부하지 않았으면 묵시적 동의라고 한다. 그래서 저는 졸지에 동영상이나 사진 촬영에 동의한 여자가 되었다"며 "하늘에 맹세코 촬영을 허락한 적이 없다. 가해자가 충분한 처벌을 받을 수 있도록 도와달라"고 도움을 요청했다.

[아이뉴스24] 2019.4.13
권준영 기자

---

1 [아이뉴스24] '성관계 불법 촬영·유포' 피해 여성의 눈물… "몰카 당했는데 어떻게 거부하나요?" https://n.news.naver.com / article / 032 / 0002897469

▶ **내가 나오는 불법 동영상이 학교 내 SNS상에서 돌고 있다는 친구의 연락을 받았다고 상상해 봅시다.**

1) 내 주변 친구들 / 내가 모르는 사람들이 그 영상을 보았다고 한다면 나는 어떤 기분이 드는지 표현해 봅시다.

2) 동영상 속 주인공이 내가 아닌 내 지인(친구, 가족)이라면 어떻게 대처해야 할까요?

3. 생각해봅시다

■ 성 표현물의 개념

사랑, 성 또는 성행위를 표현하는 일체의 표현물을 우리는 '성 표현물' 이라고 한다. 성 표현물은 그림, 애니메이션, 사진, 소설, 동영상 등 다양하며, 많은 청소년들이 이러한 성 표현물을 접하고 있다. 성을 표현하고자 하는 것은 인간의 욕구 중의 하나이므로 이를 반드시 부정적으로 볼 수는 없다. 아름답고 숭고한 사랑을 그린 시와 소설, 영화 등은 사랑에 대한 우리의 기대를 높이고 서로의 존재에 대해 경외심을 느끼게 할 수 있다. 그러므로 성을 어떻게 표현하는 것이 바람직한 것인지, 어떤 표현이 건강하고 아름다운지 끊임없이 관심을 가지고 발전시켜 나가야 한다.

■ 성 표현물과 음란물의 차이

성 표현물 중 인간의 육체 또는 성행위를 저급하게 묘사하여 과도한 성적

인 자극과 만족을 위해 이용되는 것은 문제가 있으며, 이것을 음란물이라고 한다. 음란물은 성을 표현하는 데 있어 예술적, 학문적 가치는 없이 상업적 이익을 추구하여, 오로지 성적 흥분을 자극시킬 목적으로 만들어지는 것을 말한다. 따라서 성적 흥분을 위해 성행위를 과장하거나 왜곡하여 보여주고, 폭력적으로 묘사한다.

■ 음란물의 문제점

음란물의 부정적인 영향은 어떤 것이 있을까?

첫째, 인간의 다양한 욕망 중에 성 욕망을 지나치게 과장하여 느끼게 한다. 또한 이러한 자극을 자주 즐기다 보면 음란물 중독에 빠질 수 있다.

둘째, 음란물에서 표현된 성범죄나 변태 행위를 일반적인 성으로 잘못 이해해

서 폭력적인 이성 관계를 맺을 가능성도 있다.

셋째, 이러한 성적 대상화는 남성보다 여성에게 더 많이 집중되는데, 여성을성적 대상화하면서 성적인 만족을 과장하여, 결국 여성을 성적 만족의 도구로 느끼게 한다. 성폭력이나 변태적인 성행위를 일반적인 성행위인 것처럼 묘사하고 여성에 대한 폭력을 성적 만족의 도구로 삼는다는 것도 문제이다.

결론적으로 음란물은 폭력성과 성적 비행 행위를 조장하며, 심할 경우 성범죄를 일으키는 원인이 되기도 한다.

4. 토의 및 발표

■ 사진 한 장 올렸을 뿐인데 너무 가혹한 처벌 아닌가?[2]

몰카와 몸평… 일그러진 그들만의 단톡방

온라인 메신저 단체대화방인 이른바 '단톡방'에서 불법촬영물을 공유하거나 여성을 신체적으로 평가 또는 비하하는 현실이 지적되고 있다.

한국사이버성폭력센터 서승희 대표는 13일 "최근엔 학생·성인 남성들이 단톡방에 모여 지인의 얼굴과 음란 사진을 합성하거나 그 합성물, 연락처를 사고파는 행위도 벌어지고 있다"며 "이렇게 유포된 음란물이 또 다른 플랫폼으로 퍼져 범죄가 확산하는 모양새"라고 설명했다.

중 략……

지난 1월 국가인권위원회와 인권의학연구소가 함께 한 의과대학 · 의학전문대학원생 대상 실태조사 결과 발표에선 참석자들에 의해 단톡방 성폭력 사건이 폭로되기도 했다.

여자 동기가 찍힌 화장실 불법촬영물이 동기 단톡방에 올라왔지만, 징계는 해당 남학생의 사회봉사와 반성문으로 일단락되고, 피해자들은 그대로 학교를 같이 다녀야 했다는 것이다.

[노컷뉴스] 2019. 3. 13
김명지 기자

---

2 [노컷뉴스] 몰카와 몸평…일그러진 그들만의 단톡방
https://n.news.naver.com / article / 015 / 0004186369

■ 단지 같은 카톡방에 있었을 뿐인데?

'성관계 몰카 촬영·유포' 정준영 송치… 질문엔 묵묵부답[3]

성관계 동영상을 불법적으로 촬영·유포한 혐의로 경찰 수사를 받아온 가수 정준영(30)이 검찰에 넘겨졌다.

서울지방경찰청 광역수사대는 성폭력범죄의 처벌 등에 관한 특례법 위반(카메라 등 이용 촬영) 혐의로 구속된 정준영을 29일 오전 기소의견으로 검찰에 송치했다.

중 략……

정준영은 2015년 말 한 카카오톡 대화방에서 여성들과의 성관계 사실을 언급하며 몰래 촬영한 영상을 전송하는 등 동영상과 사진을 지인들과 수차례 공유한 것으로 전해졌다.

경찰은 정준영이 총 13차례 불법 촬영물을 유포한 사실을 확인했다.

[연합뉴스] 2019. 3. 29
김기훈 기자

3 [연합뉴스] '성관계 몰카 촬영·유포' 정준영 송치… 질문엔 묵묵부답
https://www.yna.co.kr/view/AKR20190329021800004? input=1195m

로이킴·에디킴·정진운·강인이 공유 받은 '정준영 동영상' 실체 "승무원 몰카… 성희롱"[4]

가수 로이킴, 에디킴, 정진운, 강인 등 정준영과 밀접한 친분이 있던 남자 연예인들이 대거 성 스캔들의 당사자가 됐다.

이른바 '정준영 동영상'이 공유된 단톡방에 소속돼 있었기 때문.

최근 경찰은 '정준영 단톡방'의 숨겨진 멤버 로이킴과 에디킴을 불구속 기소 의견으로 검찰에 송치했다.

로이킴과 에디킴은 '정준영 단톡방'에 음란 동영상을 올린 혐의를 받는다.

정진운과 강인의 경우 정준영이 단톡방에 올린 여 승무원의 몰래카메라 동영상을 공유 받고 이에 대한 성희롱적인 대화를 나눈 것으로 알려졌다.

그러나 유포 혐의가 없는 정진운과 강인은 경찰 조사를 받지 않을 예정이다.

[뉴스타운] 2019. 4. 16
김세정 기자

4 [뉴스타운] 로이킴·에디킴·정진운·강인이 공유 받은 '정준영 동영상' 실체 "승무원 몰카… 성희롱" http://www.newstown.co.kr/news/articleView.html? idxno=406938

▶ **내가 속해 있는 단체 카톡방에서 상급자 혹은 동료가 불법 촬영물을 공유한다면 나는 어떻게 행동할 것인지 이야기 해 봅시다.**

- 나라면, ________________ 할 것이다.

- 왜냐하면…

- 그렇게 생각하는 근거는…

■ '야동순재', 유재석도 보는 야동인데?

본질은 '야동문화'다[5]

'야동'은 우리 TV 남성예능이 즐겨 쓰는 웃음코드다. 2007년 MBC 시트콤 '거침없이 하이킥' 의 '야동순재' 로 처음 등장했다. 반듯함의 정석 '국민 MC' 유재석도 한때 '야동 애호가' 캐릭터를 들고 나왔다.

지난해 MBC '나혼자 산다'에 출연한 가수 쌈디는 싱글남의 무기력을 호소하며 "야동을 끊은 지 3개월"이라고 했다. 남자가 야동을 안 보면 비정상, 문제 있다는 식이다. 출연자들이 안타까워하며 동조했다.

중 략……

문제는 시중에 유통되는 '국산 야동'의 상당수가 일반인 대상 불법 촬영물이란 점이다. 야동은 "그저 야한 동영상이 아니라 디지털 성폭력의 증거 자료"(김진송), 디지털 성범죄의 현장이다. 그를 남성 연예인의 은밀한 사생활이나 취미쯤으로 가볍게 웃어넘기는 동안 불법촬영 범죄의 심각성, 보다 본질적으로 여성의 도구화, 성적 대상화 문제는 까맣게 지워진다

문제는 정도야 달라도 일반인 단톡방, 남초 커뮤니티에서 유사한 일들이 심심치 않게 일어난다는 점이다. 최근 몇 년 사이 꾸준히 논란이 되는 남대생 단톡방의 '얼평(얼굴평가)' '몸평(몸매평가)' 같은 성희롱 문화가 그렇다. 남성들끼리 모여, 남성성을 확인하는 방법으로 여성을 대상화하고 희롱거리로 삼는다.

그러다 누군가 야동을 올린다. '야동순재'도 즐겼고 '유느님'도 즐긴 것이니 문제없다. 불법 촬영물인지 아닌지 알 바 없다. 만약 그런 '야동문화'가 불편하거나 싫은 남자는, 남자 같지 않은 남자로 따돌리고 배제한다.

[중앙선데이] 2019. 3. 16
양성희 기자

---

5 [중앙선데이] 본질은 '야동문화'다.
https://n.news.naver.com /article / 015 / 0004186369

성인사이트 차단 논란… "당연한 결정" vs "사생활 침해"[6]

야동(야한 동영상) 등을 노출하는 불법 유해사이트가 전면 차단됐다. 이에 음란물 규제 및 규제 방식에 대한 갑론을박이 이어지고 있다.

중 략……

이 같은 조치가 시작되자 청와대 국민청원, 온라인 커뮤니티 등에서 음란물 규제 방식에 대한 찬반 논란이 이어지고 있다.

찬성 측에선 "미성년자 촬영물, 몰래카메라, 리벤지포르노 등 불법 동영상을 규제하기 위한 당연한 조치"라고 주장한다. 유해사이트에는 일반 음란물뿐만 아니라 불법 동영상들이 올라온 경우가 많다. 또 아동·청소년들의 무분별한 접속을 막을 수 있다는 의견이다.

한 누리꾼은 "불법 음란물들을 막을 수 있는 기회"라며 "더 강력한 방식을 통해 음란 사이트 차단을 실시해야 한다"고 주장했다. 또 다른 누리꾼은 "범죄영상을 차단하고 규제하는 것에 이의제기하는 이유를 모르겠다"며 "야동을 볼 자유보다 피해자 인권이 더 중요하다"고 말했다.

반면 반대 측에선 "사생활 침해 가능성이 높다"며 "정부가 음란물을 보지 못하게 하는 것도 문제"라고 주장한다. 불법 동영상이 포함된 유해사이트라도, 해당 게시물을 금지하는 방식을 택하는 대신 사이트 자체를 막는 것은 잘못된 접근이라는 의견이다.

또 국가가 무작위로 통신기록을 사용한다는 게 문제", "막는다고 안보는 줄 아냐", "독재 국가에서나 가능한 얘기" 등이라고 비판했다.

한편 현행법상 음란물은 개념이 명확지 않아 판례로 구분된다. 포르노는 대법원 판례에서 '폭력적이고 잔인하며 어두운 분위기 아래 생식기에 얽힌 사건들을 기계적으로 반복·구성하는 음란물의 일종' 으로 규정돼 있다. 이런 음란물을 유포·판매하는 행위는 정보통신망법 위반이다.

[머니투데이] 2019. 2. 12
한민선 기자

---

6 [머니투데이] 성인사이트 차단 논란… "당연한 결정" vs "사생활 침해"
https://n.news.naver.com /article / 015 / 0004186369

▶ 성인 사이트 규제는 개인의 자유에 대한 지나친 간섭일까요? vs. 불법 동영상 규제를 위한 당연한 조치일까요?

- 나의 의견은…

- 왜냐하면…

- 이렇게 생각하는 근거는…

【참고문헌】

1. [아이뉴스24] '성관계 불법 촬영·유포' 피해 여성의 눈물… "몰카 당했는데 어떻게 거부하나요?"
https://n.news.naver.com / article / 032 / 0002897469
2. [노컷뉴스] 몰카와 몸평…일그러진 그들만의 단톡방
https://n.news.naver.com / article / 015 / 0004186369
3. [연합뉴스] '성관계 몰카 촬영·유포' 정준영 송치… 질문엔 묵묵부답
https://www.yna.co.kr/view/AKR20190329021800004? input=1195m
4. [뉴스타운]로이킴·에디킴·정진운·강인이 공유 받은 '정준영 동영상' 실체 "승무원 몰카… 성희롱"
http://www.newstown.co.kr/news/articleView.html?idxno=406938
5. [중앙선데이] 본질은 '야동문화'다.
https://n.news.naver.com /article / 015 / 0004186369
6. [머니투데이] 성인사이트 차단 논란… "당연한 결정" vs "사생활 침해"
https://n.news.naver.com /article / 015 / 0004186369

6

성매매

1. 학습목표

- 성매매 개념 및 성 불평등 결과로서의 성매매 문제점 생각해 보기
- 성매매특별법 이해하기

♣ 주요개념: **성매매, 성접대**

2. 들어가며

■ 성접대

경찰, '성접대·버닝썬 횡령' 승리·유인석 구속영장 신청[1]

서울지방경찰청 지능범죄수사대는 8일 승리와 유씨에 대해 특정경제범죄가중처벌법 위반·성매매처벌법 위반 등의 혐의로 사전구속영장을 신청했다고 밝혔다.

먼저 두 사람은 지난 2015년 크리스마스 파티에 일본인 투자자 일행을 초대해

1 [노컷뉴스] 경찰, '성접대·버닝썬 횡령' 승리·유인석 구속영장 신청
https://www.nocutnews.co.kr/news/5147300

여러 차례 성접대를 한 혐의를 받고 있다.

이밖에도 같은 해 클럽 '아레나'에서의 외국인 투자자 접대, 2017년 필리핀 팔라완에서 열린 승리 생일파티에서의 성 접대 의혹 등이 함께 수사 선상에 올랐다.

중 략……

CBS노컷뉴스 김형준 기자
2019. 05. 08

'장자연 사건' 오늘 최종보고… 조사 마무리[2]

장 씨를 상대로 한 술접대·성접대 강요 의혹과 사회 유력 인사들의 성범죄 의혹 등 '장자연 리스트'와 관련한 추가 수사권고는 없는 것으로 알려졌습니다.

대부분 의혹이 공소시효 10년을 넘긴 데다, 강제수사를 할 수 없는 조사단의 한계로 특정인의 혐의를 밝힐 만큼 충분한 증거를 확보하지 못했기 때문입니다.

중 략……

연합뉴스TV 나확진 기자
2019. 05.13

2 [연합뉴스] '장자연 사건' 오늘 최종보고…조사 마무리
https://www.yonhapnewstv.co.kr/news/MYH20190513012300038?did=1825m

▶ **우리나라에서 성접대 문화가 지속되어 온 이유에 대해 생각해 봅시다.**

- 우리나라에서 성접대 문화가 지속되어 온 이유는…

- 이렇게 생각하는 근거는…

3. 생각해봅시다

■ 성매매란?

성매매 혹은 성매매여성에 대한 개념 정의는 관점에 따라 상이할 수 있을 것이다. 성매매 및 성매매 피해여성의 법적인 개념을 살펴보면, "성매매"란 불특정인을 상대로 금품이나 그 밖의 재산상의 이익을 수수(收受)하거나 수수하기로 약속하고, 성교행위 혹은 구강, 항문 등 신체의 일부 또는 도구를 이용한 유사 성교 행위 중 어느 하나에 해당하는 행위를 하거나 그 상대방이 되는 것을 말한다(정혜원, 2017).[3]

■ 성매매 특별법

'성매매 알선 등 행위의 처벌에 관한 법률' 과 '성매매 방지 및 피해자 보호 등에 관한 법률' 을 말하며, 2004년 9월 23일부터 본격 시행되었다.

■ 성접대

접대의 사전적 정의는 '손님을 맞이하여 음식 등을 차려 모시거나 시중을 듦' 이라고 되어 있다. 즉 손님을 대접한다는 의미인데, 이러한 접대는 인간관계를 돈독하게 해주는 중요한 가교역할을 수행하고 있다. 그러나 우리나라의 접대문화 가운데 일부는 과정을 무시하고 결과를 중시하는 경향과 금권만능주의와 결합하여 왜곡된 형태로 변형된지 오래이며, 부정부패의 기폭제로서의 부정적인 역할을 해온 것도 사실이다. 식사접대, 현물접대, 골프접대, 향응접대 등과 같이 매우 다양한 형태로 이루어지고 있는 접대 가운데에서도 가장 심각한 문제로 대두되는 것이 술과 여자가 함께하는 접대관행일 것이다(박찬걸 & 정관진, 2017).[4]

---

3 정혜원.(2017). "성매매 탈출의 전환점 연구", 한국범죄학.

4 박찬걸 & 정관진.(2017). "성접대에 대한 형사법적 대응방안", 안암법학.

소위 '성접대'라고도 불리는 우리 사회의 병폐는 비단 어제오늘의 일은 아닌데, 특히 2009년 발생한 청와대 행정관 성접대 사건 및 故 연예인 장○○ 성접대 의혹사건 6), 2010년 발생한 검사 성접대 사건, 2013년 발생한 법무부 고위관료 별장 성접대 의혹사건, 2014년 발생한 미스 미얀마 성접대 강요사건 9), 2015년 발생한 국세청 직원 성접대 사건 등이 언론에 보도되면서 성접대에 대한 국민적인 관심이 고조되기도 하였다(박찬걸 & 정광진, 2017).

성매매방지법은 제2조 제5호에서 '성접대란 거래나 업무 관계에 있는 상대방에게 거래나 업무행위에 대한 대가로서 성을 제공하거나 알선·권유하는 행위를 말한다.' 라고 정의하여 '성접대' 를 법률용어로 상정함과 동시에 이에 대한 실태조사의 의무까지 부여하고 있다(정혜원, 2017).

4. 토의 및 발표

■ 성매매, 내 주변엔 그런 사람 없어요!

⇒ 2016년 성매매 실태 조사(여성가족부)

최초 성구매 동기

마부작침

동기	전체 비율
호기심	25.2%
군입대 등 특별한 일을 앞두고	19.4%
회식 등 술자리 후 모두 함께 가서	18.3%
성적 욕구 해소	14.9%
친구, 동료, 선배들의 압력	10.4%
스트레스 해소	4.4%
업소 여성의 적극적 유혹	3.0%
접대 관행 상	3.0%
해외여행 및 출장 중 기회가 생겨서	1.1%
기타	0.4%

* 2016 성매매 실태조사 자료

성구매자 이용업소 비중

	겸업형	전업형	변종형	온라인	기타업소
비율	59.0%	16.4%	15.4%	5.3%	4.0%
주요업소	단란주점 룸살롱	유리방 방석집	키스방 안마방	LIVE 화상채팅	오피스텔

겸업형 : 부가적으로 성매매를 제공하여 수익을 창출하는 업소

전업형 : 성매매를 일차적 목적으로 성매매를 통한 수익을 창출하는 업소

변종형 : 사업분류상 자유업종에 해당하지만 성매매를 조장하는 업소

온라인 : 성매매 알선을 목적으로 수익을 창출하는 웹사이트

* 2016 성매매 실태조사 자료

성구매 향후 의사 여부

향후에 성 구매 의향이 있습니까?			
	있다	보통	없다
유경험자	32.8%	39.2%	28.0%
무경험자	5.7%	13.4%	80.9%

성구매 위험 인식

* 2016 성매매 실태조사 자료

연도별 성매매 입건 현황

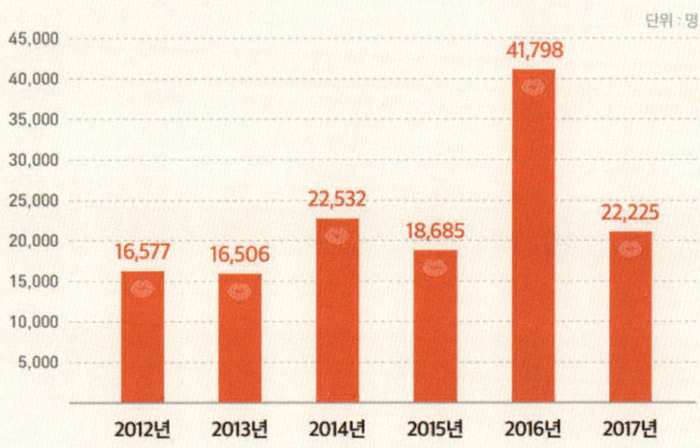

* 경찰청 내부 자료

▶ 성매매가 규제되어야 하는 이유에 대해 이야기 해 봅시다.

- 성매매가 규제되어야 하는 이유는…

- 이렇게 생각하는 근거는…

■ 누구나 쉽게 접할 수 있는 성매매?

성매매사이트 '밤의 전쟁' 집중단속… 업소·매수자 적발[5]

경찰이 국내 최대 인터넷 성매매 광고 사이트인 '밤의 전쟁' 을 상대로 집중 단속에 나선다.

4일 경찰에 따르면 경찰청 생활안전국은 전날부터 이달 30일까지 '밤의전쟁' 에 광고를 게시한 성매매업소 2613개소를 대상으로 단속을 실시한다. 경찰은 성매매 후기글을 게시한 성매수자도 추적할 계획이다.

밤의전쟁은 회원수 70만명인 국내 최대 규모 성매매업소 광고 사이트다. 지역별 성매매 업소 예약 안내 광고나 이용 후기를 올리는 게시판 등이 있다. 게시판에 올라온 후기글만 21만8000여개에 달한다.

중 략……

머니투데이 이영민 기자
2019. 06. 04

"미성년자라도 상관없다"…'청소년 성매매' 온상된 채팅앱[6]

성을 사고파는 행위, 그 가운데서도 청소년의 성을 사는 행위에 대해 우리 법은 더 엄하게 처벌하고 있습니다. 하지만 현실은 좀 달라서 청소년 성 매수가 얼마나 횡행하는지조차 제대로 파악되지 않고 있습니다.

중 략……

SBS뉴스 심영구 기자
2019. 6. 23

---

5 [머니투데이] 성매매사이트 '밤의전쟁' 집중단속…업소·매수자 적발
https://news.mt.co.kr/mtview.php?no 2019060409320460130

6 [SBS뉴스] "미성년자라도 상관없다"… '청소년 성매매' 온상된 채팅앱
https://news.sbs.co.kr/news/endPage.do?news_id=N1005321388

▶ 성매매를 성불평등 결과의 한 모습이라고 할 수 있는 이유는 무엇이 있을까요?

- 성매매를 성불평등 결과의 한 모습이라고 할 수 있는 이유는…

- 이렇게 생각하는 근거는…

▶ **여러분이 부대의 지휘관으로서 병사들에게 휴가 전 교육을 실시한다고 생각해 봅시다.**

- 휴가 중인 군인이 성매매를 하지 말아야 하는 이유는…

【참고문헌】

1. [노컷뉴스] 경찰, '성접대·버닝썬 횡령' 승리·유인석 구속영장 신청
   https://www.nocutnews.co.kr/news/5147300
2. [연합뉴스] '장자연 사건' 오늘 최종보고…조사 마무리
   https://www.yonhapnewstv.co.kr/news/MYH20190513012300038?did=1825m
3. 정혜원.(2017). "성매매 탈출의 전환점 연구", 한국범죄학.
4. 박찬걸&정관진.(2017). "성접대에 대한 형사법적 대응방안", 안암법학.
5. [머니투데이] 성매매사이트 '밤의전쟁' 집중단속…업소·매수자 적발
   https://news.mt.co.kr/mtview.php?no 2019060409320460130
6. [SBS뉴스] "미성년자라도 상관없다"…'청소년 성매매' 온상된 채팅앱
   https://news.sbs.co.kr/news/endPage.do?news_id=N1005321388

7

성폭행

1. 학습목표

- 성폭력의 개념과 유형에 대해 이해하기
- 성적자기결정권, 피해자다움의 의미에 대해 이해하기

♣ 주요개념: 성폭력, 위력에 의한 성폭력, 성적자기결정권, 피해자다움

2. 들어가며

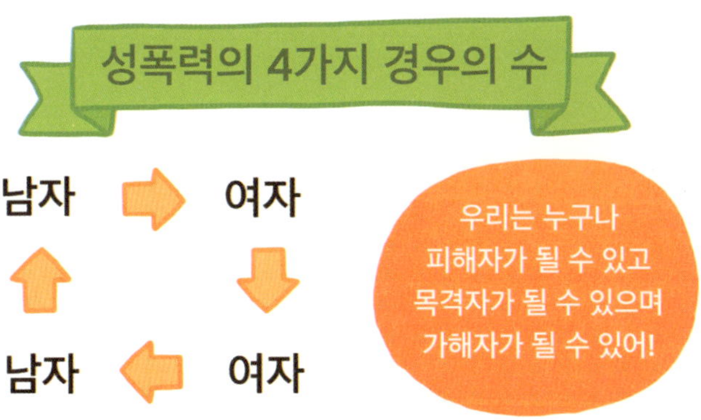

■ 성희롱[1]

"오빠라고 불러" "짧은 치마 입고 출근해라" "화장 진하게 해라"

지난해 고용노동부 '직장내 성희롱 익명신고센터'에 접수된 내용의 일부다. 지난해 접수된 신고 건수만 717건이다. 하루 평균 2건꼴로 신고가 들어온 셈이다. 최근 사회 전반에 성희롱에 대한 경각심이 확산되고 있지만, 여전히 직장에서 성희롱으로 고통받는 직장인이 많은 것으로 나타났다.

아르바이트생에게 '오빠'라는 호칭을 사용할 것을 강요하고 퇴근 후 만남을 요구한 사례부터 "화장 진하게 해라" 등 성희롱 발언을 일삼은 사례도 신고됐다.

여성이 많은 직장에 신입 남성 사원이 들어올 때마다 노래와 춤을 강요하거나, 거래처와의 회의 분위기를 좋게 한다는 이유를 들어 여직원 참여를 강요한 사례도 접수됐다. 문제 제기를 하면 회사 이미지 실추를 징계 사유로 들어 피해를 입은 근로자를 해고하는 경우도 있었다.

성희롱 신고 사업장은 공공 부문이 59건(8.2%), 민간 기업이 658건(91.8%)이었다. 가해자의 54.2%는 남성이, 6.5%가 여성이었다. 피해자의 성별은 여성이 67.4%, 남성이 7.2%로 나타났다. 소수 동성간 성희롱 사례도 접수됐다. 남성 상사가 출장지에서 공동 샤워실을 쓰던 중 남성 부하의 신체 사진을 찍어 업무용 메신저에 올린 경우도 있었다.

가해자의 절반 이상(52.4%)은 피해자보다 상위 직급인 상사, 임원이었다. 사업주, 대표이사로 신고된 경우는 27.1%다. 직장 내 성희롱은 업무 시간에 발생한 경우가 60.8%였으며, 회식·공동연수(24.4%), 휴일·퇴근 후 개인적인 시간(11.2%)이 뒤를 이었다. 성희롱 유형으로는 신체접촉·추행이 48.5%(중복 응답)로 가장 높았고, 성적농담·음담패설(42.0%), 외모평가·성적발언(18.8%), 사적만남 요구발언(9.5%) 등으로 나타났다. 가해자에 대한 조치사례로는 가해자에 대한 징계 등 조치없이 사건을 무마했다고 한 경우가 24.8%로 가장 높았다. 가해자를 징계한 경우가 8.8%, 성희롱에 비해 경미한 징계나 구두경고 등 불합리하게 조치했다고 신고자가 평가한 경우가 7.4%였다.

[조선일보] 2019-06-20
이재은 기자

---

1 [조선일보] "오빠라고 불러" 직장내 성희롱 신고 1년간 717건
http://news.chosun.com/site/data/html_dir/2019/06/20/2019062001251.html

위의 기사에서 언급된 사례들은 장난 혹은 친밀감을 표현하기 위한 행동일까 vs. 상대방에 대한 폭력일까? 그렇게 생각하는 이유를 말해봅시다.

- 친근감의 표현이라는 이유는…

- 상대방에 대한 폭력이라는 의견의 이유는…

▶ 내가 생각하는 성희롱의 판단기준에 대해 이야기 해 봅시다.

- 언어적 성희롱의 판단기준

- 신체적 성희롱의 판단기준

3. 생각해 봅시다

■ 성폭력이란?[2]

성폭력이란 불평등한 권력관계에서 힘의 차이를 이용한 상대방의 동의없이 이루어져 상대방의 성적자기결정권을 침해하는 모든 성적행위를 의미한다. 성폭력은 약자에 대한 차별이자 인권을 침해하는 행위이다.

성폭력은 불평등한 권력관계에서 힘의 차이를 이용하여 발생한다. 각 개인은 다양한 사람들과 다양한 관계를 맺고 살아가고 그 관계 속에서 힘의 차이가 발생한다. 힘이란 신체적, 물리적 힘만을 의미하는 것이 아니다. 힘의 차이는 신체적, 물리적 힘에 의해서 뿐만이 아니라 성별, 연령, 사회적 지위, 경제력, 장애 유무, 근속 연수, 집단의 크기 등에 따른 위계에 의해 생겨나며 타인을 강제, 복종시키거나 지배할 수 있는 권력 등을 의미한다. 그러나 힘이 있는 모든 사람들이 성폭력을 저지르는 것은 아니다. 폭력이란 힘의 차이가 나는 관계, 즉 서로가 가진 권력이 동등하지 않은 관계에서 열등하다고 간주되는 존재에 대한 차별적 인식이 극단적으로 표현되는 행위를 말한다. 성폭력 또한 불평등한 권력관계에서 더 많은 힘을 가진 사람이 더 적은 힘을 가진 사람을 내 마음대로 할 수 있다는 차별적 인식을 가지고 자신의 권력을 남용하고 악용하는 것에서 비롯된다.

■ 성폭력의 유형

성폭력은 성폭행, 성추행, 성희롱 등 모든 신체적, 언어적, 정신적 폭력을 모두 포괄한다. 성기노출과 성적 목적으로 공공장소에 침입하는 행위, PC와 핸드폰을 이용한 음란전화나 문자, 이메일 등 통신매체 또는 카메라를 이용한 행위 등 신체 접촉 없이 행해지는 성적 행위까지 모두 성폭력에 해당된다.

---

2 국방부. (2019). "맞춤형 성인지 교육 표준교안" 발췌

1) 강간: 폭행 또는 협박으로 사람을 간음

2) 유사강간: 폭행이나 협박으로 구강, 항문 등 신체(성기 제외)의 내부에 성기를 넣거나 성기, 항문에 손가락 등 신체(성기 제외)의 일부 또는 도구를 넣는 행위

3) 추행: 상대방의 성적 자유를 침해하는 음란한 행위로 성적 수치심, 혐오감을 불러일으키는 일체의 행위

4) 강제추행: 폭행이나 협박으로 추행

5) 준강간·준강제추행: 심신상실 또는 항거불능 상태를 이용하여 간음 또는 추행

6) 성희롱: 업무, 고용, 그 밖의 관계에서 국가기관·지방자치단체 또는 대통령령으로 정하는 공공단체의 종사자, 사용자 또는 근로자가 다음 각 목의 어느 하나에 해당하는 행위를 하는 경우

가. 지위를 이용하거나, 업무 등과 관련하여 성적 언동 또는 성적 요구 등으로 상대방에게 성적 굴욕감이나 혐오감을 느끼게 하는 행위

나. 상대방이 성적 언동 또는 요구에 대한 불응을 이유로 불이익을 주거나 그에 따르는 것을 조건으로 이익 공여의 의사표시를 하는 경우

■ 위력에 의한 성폭력

우월적 지위에 있는 사람이 업무, 고용 기타 관계로 인하여 보호, 감독을 받는 사람에게 행하는 성폭력을 '업무상 위력에 의한 성폭력'이라 한다. 여기서 위력이란 일반적으로 '상대를 압도할 만큼의 강력한 힘'으로 정의된다. 대법원 판례(2005.7.29. 선고)에서는 위력을 "피해자의 성적 자유의사를 제압하기에 충분한 세력으로서 유형적이든 무형적이든 묻지 않으며, 폭행·협박뿐만 아니라 행위자의 사회적·경제적·정치적 지위나 권세를 이용하는 것"이라고 명시하고 있다.

그러므로 위력에 의한 성폭력은 상하가 뚜렷한 관계에서 상급자가 자신의 우월적 지위나 권세를 이용한 경우에 적용되며, 업무상 위력에 의한 간음과 업무상 위력에 의한 추행이 이에 해당된다.

그렇다면 강간, 강제추행과 업무상 위력 등에 의한 간음과 추행의 차이는 무엇일까? 강간과 강제추행의 경우에는 피해자의 항거를 불가능하게 하거나 현저히 곤란하게 할 정도의 폭행이나 협박이 반드시 전제된다. 이와 달리 업무상 위력에 의한 간음과 추행은 업무, 고용 기타관계로 인하여 자기 보호, 감독을 받는 사람에 대해 폭행이나 협박을 해서, 또는 폭행이나 협박을 하지 않고도 자신의 지위나 권세를 이용해서 간음, 추행하는 것을 말한다. 중요한 것은 성폭력과 위력에 의한 성폭력 모두 범죄행위로 힘의 차이가 나는 불평등한 권력 관계에서 발생한다는 것이다.

■ 피해자다움이란?

성폭력 피해자에 대한 고정관념을 '피해자다움'이라고 한다. 흔히 우리는 '피해자가 어떻게 저럴 수 있지?'라는 생각에 빠지기 쉽다. 예를 들어 성폭행 피해를 입고도 누군가의 농담에 웃거나, 지인들과 잘 어울리는 등 아무렇지 않은 듯 일상을 살아가는 것처럼 보일 때가 있다. 우리는 이러한 모습들이 성폭력 피해자와는 어울리지 않는다고 여긴다. 이는 피해자를 수동적이고, 병리적이라고 보는 고정관념 때문이다. 피해자는 씻을 수 없는, 회복할 수 없는 상처를 입고 평생 고통을 당할 것이라는 편견 때문이다. 이 때문에 성폭력 피해 후에도 적극적으로 일상을 살아가는 피해자에게는 의심과 비난 등 2차 피해가 뒤따르게 되며, 이러한 피해자에 대한 고정관념은 성폭력이 발생한 책임을 피해자에게 전가시켜 성폭력의 해결을 가로막는 편견으로 작동할 수 있다.

■ 성적자기결정권이란?

성적자기결정권이란 원하는 성적 행위를 할 권리, 원치 않는 성적행위를 하지 않을 권리가 나에게 있으며, 개개인의 이러한 성적 결정이 존중받고 침해받지 않을 권리를 의미한다.

그러나 성적자기결정권은 개인의 노력으로만 지켜낼 수 있는 것은 아니다. 중요한 것은 내가 나의 성적자기결정권을 행사하는 것보다 상대방의 성적자기결정권을 침해하지 않는 것이 우선해야 한다.

■ 동의의 의미

동의는 자유로운 의사표현이 가능한, 의식과 자각이 있는 상태에서 자발적으로 한 명시적인 동의를 말한다. 이는 성적 행위에 대한 상대방의 제의나 요청을 적극적으로 수용하는 것을 의미한다. 과거에는 원하지 않는 성적 행위에 대하여 거부의사를 어떻게 표현했는가가 중요한 기준이었다면 이제는 상대방의 성적 행위에 대한 명시적 동의가 있었는가가 성폭력 여부를 판단하는 중요한 기준이 되고 있다. 거부 의사를 어떻게 표현했는지가 중요한 기준이 된다면 '얼마나 적극적으로 저항했는가'와 같이 성폭력의 입증 책임이 피해자에게 있지만 명시적 동의를 기준으로 판단한다면 그 책임은 혐의를 받는 사람에게 있다. 즉, 혐의를 받는 사람이 자신의 성적 행위에 대해 상대방에게 동의를 구했다는 것뿐만 아니라 상대방이 명시적으로 동의의 의사표시를 했다는 것을 입증해야 한다.

앞에서 언급하였던 '성폭력 피해자도 책임이 있다'는 인식과 통념 또한 이러한 동의의 개념에서 본다면 그릇된 인식이라는 것을 알 수 있다. 술을 마신다고 해서, 밤늦게 귀가한다고 해서, 옷차림이 야하다고 해서, 가만히 있는다고 해서, 적극적으로 저항하지 않는다고 해서 이것이 곧 상대방의 성적 행위에 동의한 것을 의미하는 것은 아니라는 것을 알 수 있다.

또한 위력관계 등 힘의 차이가 나는 관계에서는 자유로운 의사표현을 하기 어렵다. 그래서 상대방이 동의했다 하더라도 힘의 차이가 나는 동등하지 않은 관계에서 이루어진 동의라면 이는 자발적인 동의가 아닌 강제적인 동의가 될 수 있다. 그러므로 힘의 차이가 나는 관계에서는 자유로운 의사표현을 하기가 어렵다는 것을 인식하고, 상대방에게 사소한 성적 행위라도 강요하지 않는 것이 가장 중요하다.

4. 토의 및 발표

■ 왜 저항하지 못했을까?[3]

'부하직원에 성폭력' 김문환 전 대사 징역 1년 확정

업무상 관계가 있던 부하 직원들에게 성폭력을 가한 혐의로 재판에 넘겨진 김문환 전 주(駐)에티오피아 대사(55)에게 징역형의 실형이 확정됐다.

김 전 대사는 자신의 지위를 이용해 업무상 지휘·감독 관계에 있던 부하 직원 A씨와 2015년 3월 성관계를 맺고, 2017년 5월 다른 부하 직원 B씨를 성추행한 혐의로 기소됐다.

김 전 대사 측은 A씨와는 합의 하에 성관계를 했고, 나머지에 대해선 '어깨 등 신체접촉은 있었으나 추행하진 않았다'며 혐의를 전면 부인했다.

1심은 "김 전 대사는 별다른 죄의식 없이 대범하게 성폭력 행위에 이른 것으로 보이고, 그 수법과 정도를 더해보면 죄질이 매우 불량하고 죄책도 무겁다"고 양형이유를 밝혔다.

2심 역시 "위력은 여러 사회적 지위, 상하관계를 포함하는 것으로 물리적 힘만을 의미하지 않는다"며 "김 전 대사는 에티오피아 대사라는 엄청난 지위를 이용한 것"이라고 1심 판단을 유지했다.

대법원도 하급심 판단이 옳다고 봤다.

뉴스1, 서미선 기자
2019-07-22

---

3 [뉴스1] '부하직원에 성폭력' 김문환 전 대사 징역 1년 확정
https://www.news1.kr/articles/?3674800

여러분이 생각하는 '위력' 이란 무엇인가요?
우리가 위력에 의한 성폭력을 판단할 때 가장 중요하게 고려해야 할 기준이 무엇이라고 생각하나요?

- 위력의 개념

- 위력에 의한 성폭력 판단의 기준

- 군에서 발생할 수 있는 위력에 의한 성폭력의 유형

위력에 의한 성폭력 피해자가 적극적으로 저항하지 않았고, 성폭력 피해 후에도 가해자와 업무를 진행하거나 대화를 나눈다고 한다면 그것은 위력에 의한 성폭력이라고 판단할 수 있을까요? 피해자가 피해 당시 저항하지 못했고, 피해 후에도 적극적으로 대응하지 않았다면 그 이유는 무엇일까요?

- 위력에 의한 성폭력 피해자가 맞다고 생각하는 이유는…

- 위력에 의한 성폭력 피해자가 아니라고 생각하는 이유는…

- 피해자가 당시 저항하지 못하고, 피해 후에도 적극적으로 대응하지 않은 이유는…

▶ "No means No" → "Yes means Yes"
성폭력 판단 시 저항의 여부와 동의의 여부 중 무엇이 고려되어야 할까요? 그렇게 판단하는 이유는 무엇인가요?

- 성폭력 판단 시 저항여부가 고려되어야 한다는 의견의 이유는…

- 성폭력 판단시 동의 여부를 고려해야 한다는 이유는…

■ 피해자가 피해자다워야 한다는 기준은 무엇인가? [4]

또 위안부 망언..'심문 보고서 49호의 진실'

지난 25일 뉴욕타임스가 일본군 위안부 피해 사실을 고발했던 고(故) 김학순 인권운동가의 부고기사를 실었습니다. '지나쳤던 인물들(Overlooked)' 시리즈의 일환입니다. 이 시리즈는 제대로 보도하지 못한 인물의 부고 기사를 통해 늦게 나마 삶을 조명하려는 치지에서 기획됐습니다. 신문은 전문가의 말을 인용, "김학순 운동가는 20세기 가장 용감한 인물 가운데 한 명이며, 위안부 문제에 대한 연구도 김 운동가의 1991년 회견 덕분에 시작됐다"고 평가했습니다.

하지만 위안부 망언은 계속되고 있습니다. 최근에는 와세다대학교 사회학과 아리마 테츠오 교수가 트위터에 남긴 글이 논란이 됐습니다.

"모든 면에서 위안부는 일본군보다 혜택받았다. 위안부를 불쌍히 여기는 사람은 있어도 일본 병사를 불쌍히 여기는 사람은 없다. … 완전 역차별"(10월 3일)

"감금되어 있는 것은 아니기 때문에, 휴일 외출을 허가하고 있기 때문에, 장소에 따라서는, 드디어 참을 수 없게 되면, 도망치는 것이다.… 성노예라니. 판타지"(9월 4일)

아리마 교수는 일본 학계에서 위안부 망언을 일삼아온 사람으로 유명합니다. 위안부 역사 왜곡 논란을 일으켰던 마크 램지어 하버드대 교수를 옹호하는 내용을 담아 '위안부는 모두 합의 계약을 했다'는 제목의 책을 출간하기도 했습니다. 일본 대학생단체 '무빙 비욘드 해이트(Moving Beyond Hate)'가 아리마 교수의 해임을 요구하는 글을 세계 최대 청원사이트 체인지 닷 오알지(change.org)에 올리기도 했습니다.

사실 아리마 교수의 글 내용이 새로울 건 없습니다. 위안부가 위력에 의해 감금된 게 아니며, 위안소 생활이 풍족했다는건 일본 극우의 반복적 주장입니다. 지금껏 학계와 언론은 위안부 모집의 강제성과 열악한 근로조건을 입증하는 자료를 차고 넘치

---

4 [데일리안] '피해자다움'에 고통받는 강지환 사건 피해자들
https://www.dailian.co.kr/news/view/811998/?sc=naver

게 제시했지만 망언은 그치지 않고 있습니다.

이쯤 되면 팩트체크가 문제가 아닌 것 같습니다. 아리마 교수 발언의 팩트체크를 너머, 다른 시선으로 문제의 본질을 살펴볼 필요가 있습니다.

'심문보고서 제49호'를 두고 벌어진 발췌 토론

한국은 일본의, 일본은 한국의 자료를 믿지 않습니다. 이럴 때 주로 다른 나라 자료가 활용되곤 합니다. 가장 대표적인 자료가 1944년, 미국 전시정보국(OWI) 심리전팀이 작성한 '일본인 전쟁 포로 심문 보고서 제49호'입니다. 일본이 패하면서 버마에 버려진 조선인 위안부 20명에 대한 심문 기록입니다. 이들이 고향을 떠나온 과정과 타국에서 겪었던 일이 자세히 기록돼 있는데 2014년 외부에 알려졌습니다.

보고서는 이들이 1942년 5월 조선으로 몰려온 일본인 대리인(agent)들의 속임수 때문에 왔다고 썼습니다.

"일본의 대리인들이 사용한 유인책은 많은 돈, 가족 빚을 갚을 기회, 쉬운 일, 그리고 새로운 땅, 싱가포르에서의 새로운 삶 등이었다. 이러한 '속임수'로 많은 소녀들이 해외 징병에 입대하여 몇백 엔의 선금을 받았다"

위안부의 계약은 일본 군대 규정에 묶여 있는 형태라고도 썼습니다. 공권력에 의한 '통제'가 명확히 드러난 문장입니다. 일본 우익들은 민간 업자들 사이의 자율 계약임을 주장해왔습니다.

"그들은 계약을 체결하면서 일본 군대 규정에 묶여 있었고, 그들이 가계에 진 빚에 따라 6개월에서 1년의 기간 동안 위안소에서 일하도록 했다."

포주들의 착취는 일상적이었다고 적었습니다.

"포주들은 소녀들과 계약을 맺을 때, 소녀들이 얼마나 많은 빚을 지는지에 따라 소녀들의 총 수입의 50~60%를 받았다. 많은 포주들은 음식을 비롯한 물품에 비싼 가격을 매겨서 소녀들의 삶을 매우 힘들게 만들었다."

그런데 일본 우익들은 이 보고서를 자신들의 논리를 뒷받침하는 자료로 활용하기 시작합니다. 보고서에 포함된 다음과 같은 내용 때문입니다.

"그들이 사는 곳은 버마의 다른 곳과 비교해 사치스러운 편에 속했다. 그들은 식량과 물품의 배급 제한이 심하지 않았고, 원하는 물품을 살 돈이 충분했기 때문에 잘 살았다."

"그 소녀들은 손님을 거절하는 특권을 허락받았다. 이것은 그 사람이 너무 취했을 때 종종 행해졌다"

"1943년 후반에 육군은 빚을 갚은 어떤 소녀들은 집으로 돌아갈 수 있다는 명령을 내렸다. 따라서 일부 소녀들은 한국으로 돌아갈 수 있었다."

위안부 피해자들이 빚을 갚으면 집으로 돌아갈 수 있었고, 경제적으로 풍족했다는 내용입니다. 아리마 교수의 주장과 일맥상통합니다. 국내 일부 보수 언론도"(위안부 생활이 풍족했다는) 보고서의 중요한 부분이 누락돼 알려져 여론이 휘둘리고 있다"는 식으로 보도하기도 했습니다.

그러자 이번엔 보고서의 신빙성을 부정하는 주장들이 국내에서 나왔습니다. 일부 언론은 이 보고서를 "편견에 가득 찬 보고서", "믿을 수 없는 내용"이라고 평가 절하하기 시작했습니다. 한 언론은 당시 심문 당사자를 추적하며, '엉터리 보고서'라고 결론 내렸습니다. 일본인 포주 부부가 위안부를 통제하며 심문 과정에 적극적으로 개입했다는 의혹을 제기했습니다.

하나의 자료를 두고, 서로에게 이로운 내용으로 '발췌 토론'이 이어졌습니다. 우리는 이를 어떻게 바라봐야 할까요

위안부 피해자와 피해자다움

우리는 위안부 피해자들의 '피해자다움'에 집착해왔습니다. 달리 말하면, 위안부 피해자들은 '극단적으로 비참해야'했습니다. 조금이라도 그 비참함을 반박하는 자료가 나오면-심문 보고서 49호의 사례처럼-자료 자체를 부정해버리는 손쉬운 길을 택하기도 했습니다.

미국의 진보적 역사학자 조지 래윅은 1972년 펴낸 책 〈미국의 노예:복합적 자서전〉(The American Slave:A Composite Autobiography)에서, 흑인 노예 공동체

에 대해 기존과 다른 시각을 제시한 걸로 주목 받았습니다. 흑인 노예의 일상이 얼마나 비참했는지 규명하려 했던 당시의 진보적 역사학자들과는 달리, 래윅은 노예제라는 열악한 환경 속에서도 노예들이 어떻게 가정을 이루고 문화를 향유했는지 집중했습니다. 진보 학계에서 '비참하기만 한 사람들로 여겨졌던'흑인 노예들에게도 '일상성'을 부여하며, 피해자는 늘 비참해야 한다는 '피해자다움'으로부터 해방시키려는 시도였을 겁니다(래윅이 '피해자다움'이라는 말을 쓴 적은 없습니다)

즉, 백인우월주의자들이 '흑인 노예의 삶이 늘 비참한 것만은 아니었다'며 사례를 여럿 나열할 때, 래윅은 '아니, 사람 사는 곳에서 그건 당연한 거고, 그게 아프리카에서 잘 살던 사람 끌고 와 노예로 부려먹어도 된다는 명분이 되지는 못한다'며 맞받아칠 논리를 제공했던 겁니다. 노예 역시 사람이기에 비참함 속에서도 비참함을 극복하기 위해 애쓴 것 역시 역사이며, 주인들은 안정적인 노동력 확보와 자신의 이익을 위해 흑인 노예에게 일정 부분 혜택을 준 것 역시 역사였기 때문입니다. 당시 흑인 노예는 그 자체로 귀중한 '재산'이었습니다.

위안부 피해자 문제도 비슷한 것 같습니다. 위안부 피해자들 역시 삶의 끈을 놓지 않기 위해 부단히 노력했을겁니다. 비참함을 극복하기 위해 어떻게든 행복해야 할 이유를 찾았을 겁니다. 이건 인간의 본능이기 때문입니다. 나아가 일본군은 위안소 노동의 효율성을 위해 위안부의 지속적인 건강 관리나 기본적 혜택을 미끼 삼았을겁니다. 설령, 그렇다 할지라도, 당시 일본군의 야만성이 변호될 수는 없다는 건 당연합니다.

위안부의 삶이 늘 비참한게 아니었다는 증거 자료가 있다 하더라도, 위안소 제도의 비인간성과 위안부 피해자들의 고통을 결코 합리화할 논거가 될 수 없다는 얘기입니다. 달리 말하면, 위안부 피해자 인생의 궤적이 우리가 생각하는 것 만큼 극단적으로 비참해야 하는 건 아니며, 누구도 그걸 강요할 수는 없습니다. 분명한 것은, 위안부 피해자들 역시 본능에 충실할 수 있는 인간 '개인'이라는 사실입니다.

SBS 이경원 기자('21. 10. 27)

성범죄에서 “피해자다움”에 관한 사례

편의점 본사 직원인 A씨는 지난 2017년 4월 24일 업무차 경남 진주의 한 편의점을 방문, 홀로 일하고 있는 30대 여성 편의점 점주 B씨를 성추행 한 혐의를 받았습니다. A씨는 업무 관련 대화를 나누다 갑자가 오른손으로 B씨의 머리를 만지고 왼팔 로 목을 껴안아 잘 움직이지 못하게 한 뒤 강제로 얼굴에 키스를 했습니다.

A씨는 이 혐의로 1심에서 벌금 400만원 등을 선고받자 항소했습니다. 항소심 재판부는 “신체 접촉이 발생했을 때 B씨가 종종 웃는 얼굴을 보이는 등 촬영된 CCTV의 가해자와 피해자의 모습이 불미스러운 일이 발생한 지 얼마 안 된 사람들의 태도로 보이지 않고, 이성적으로 가까운 관계에서 장난을 치는 모습으로 보인다”는 등의 판단을 근거로 무죄 판결을 내렸습니다.

이에 대해 대법원은 “피해자 태도 중 ‘마땅히 그러한 반응을 보여야만 하는 피해자(피해자다움)’로 보이지 않는다는 사정이 있다는 이유만으로 피해자 진술의 신빙성을 배척한 2심 판단이 타당하지 않다”며 해당 사건을 창원지법으로 파기환송했습니다.

사건을 돌려받은 창원지법 형사1부 재판부는 파기환송심 판결문을 통해 “전전세 개념으로 들어간 점주인 피해자 B씨가 본사 직원인 가해자 A씨에게 강력하게 대응하기 어려운 처지에 있는 등 특별한 사정을 충분히 고려하지 않은 채 B씨 진술의 증명력을 가볍게 배척하는 것은 합리적 증거 판단으로 볼 수 없다. 따라서 가해자 A씨가 피해자 B씨 의사에 반해 강제추행함으로써 B씨의 성적 자유를 침해했다고 보는 것이 타당하다. 원심과 비교해 양형 조건에 변화가 없고, 원심에서 선고한 형이 합리적 재량의 범위를 벗어나 너무 무거워 부당하다고 볼 수는 없다”며 강제추행 혐의로 기소된 A(38)씨의 항소를 기각하고 1심과 같은 벌금 400만원을 선고하고 성폭력 치료프로그램 이수 40시간을 명령했습니다.

‘21. 10. 5 최필재 변호사

▶ **흔히 여러분이 성폭력 피해자를 떠올릴 때 "성폭력 피해자라면 왠지 OO할 것 같다"고 여겨지는 것에는 어떤 것들이 있을까요?**
1) 사건 당시 피해자의 태도와 2) 사건 후 피해자의 행동 및 상태로 나누어 생각해 봅시다.

- 사건 당시 피해자의 태도

- 사건 후 피해자의 행동과 심리상태

▶ **내가 성폭력 피해자라면 어떻게 행동하고, 상태가 어떠할지 생각해 봅시다. 또한 구체적인 상황에서도 생각해 봅시다. 사건 후 지인과 농담을 주고받고, 웃고 있는 나에게 누군가 "성폭력 피해자가 어떻게 저럴 수 있지"라고 한다면 나는 어떤 생각이 들까요?**

- 내가 성폭력 피해를 당했을 때 했을 행동과 심리상태

- 타인이 나의 '피해자다움'을 의심한다면 어떤 생각과 감정이 들 것인가?

성폭력 피해의 2차 피해를 예방하기 위해서는 어떻게 해야 할지 이야기 해봅시다.

- 성폭력 2차 피해의 개념

- 주변에 성폭력 피해자가 있을 때 2차 피해를 방지하기 위한 조치는?

【참고문헌】

1. [조선일보] "오빠라고 불러" 직장내 성희롱 신고 1년간 717건
http://news.chosun.com/site/data/html_dir/2019/06/20/2019062001251.html
2. 국방부.(2019). "맞춤형 성인지교육 표준교안", 국방부 성인지 교육자료.
3. [뉴스1] '부하직원에 성폭력' 김문환 전 대사 징역 1년 확정
https://www.news1.kr/articles/?3674800
4. [데일리안] '피해자다움'에 고통받는 강지환 사건 피해자들
https://www.dailian.co.kr/news/view/811998/?sc=naver
5. First, M.B., Skodol, A.E., Williams J.B.W., & Spitzer, R.L.(2018). "DSM-5 진단 사례집", 학지사 재인용.

8

데이트 폭력

1. 학습목표

- 데이트 폭력의 개념과 유형에 대해 알아보기
- 디지털 성폭력에 대해 알아보기

♣ 주요개념 : 데이트 폭력, 디지털 성폭력(리벤지 포르노)

2. 들어가며

■ 사랑해서 때렸다?-데이트 폭력[1]

"데이트 폭력 끝, 살인" 피해자 30% '남편·애인'에 살해

▶ 지난 5일 현역 육군 중위(23)가 자신의 여자친구를 2시간 가량 무참히 폭행한 사실이 뒤늦게 알려졌다. 경찰에 따르면 피의자 A씨는 여자친구 B씨가 자신의 험담한 사실을 알게 되자 여자친구를 발로 차고 의자를 던지는 등 폭행했다. 이로 인해 B씨는 광대뼈가 내려앉고 갈비뼈가 부러졌으며 눈이 심하게 다치는 등의 피해를 입었다.

▶ 또 지난 2일 자신을 만나주지 않는다는 이유로 40대 남성이 헤어진 연인을 흉기로 찔러 살해한 사건이 발생했다. 이 남성은 전 여자친구가 이별을 통보한 뒤 다시 만나주지 않자 홧김에 범행을 저지른 것으로 드러났다.

최근 데이트폭력이 폭행, 살인 등 심각한 사회문제로 대두되고 있다. 전문가들은 데이트폭력의 끝은 '살인' 이라고 입을 모은다.

데이트폭력은 남녀 사이에서 발생하는 신체적·언어적·정서적 폭력이나 위협을 말한다.

지난해 경찰청 범죄통계에 따르면 2011년부터 2017년까지 발생한 애인간 살인(미수 포함)은 평균 103.4건이다.

2016년과 2017년 발생한 데이트 폭력을 유형별로 보면 폭행·상해가 1만3785건으로 가장 많았고, 감금·협박 등 2206건, 살인(미수 포함) 119건, 성폭력 362건 등이다. 이 기간 모두 866명이 구속되고, 1만7804명이 입건됐다.

아시아 경제, 김윤경 기자
2019-08-14

1 [아시아 경제] "데이트 폭력 끝, 살인" 피해자 30% '남편·애인'에 살해
https://view.asiae.co.kr/article/2019081316200676735

▶ 내가 생각하는 데이트 폭력의 유형에 대해 적어봅시다.

- 데이트 폭력의 유형

- 데이트 폭력이 발생하는 이유

▶ **데이트 폭력 피해자가 계속해서 가해자와의 만남을 지속하거나 가해자를 용서하는 이유가 무엇일까요? 또한 가해자를 쉽게 신고하지 못하는 이유가 무엇일까요?**

• 피해자가 가해자와 만남을 지속하거나 가해자를 용서하는 이유

• 가해자를 신고하지 못하는 이유

▶ 사랑해서 때렸다?' — 가해자가 친밀한 관계를 맺고 있는 혹은 사랑하는 상대에게 폭력을 가하는 이유는 무엇일까요?

- 가해자가 데이트 폭력을 가하는 이유

데이트 폭력은 단순한 사랑싸움일까요? 폭력이란 범죄행위일까요?

- 데이트 폭력은 범죄행위인가?

- 범죄행위가 아니라면 그 이유는 무엇인가?

3. 생각해 봅시다

■ 데이트 폭력이란?

데이트 폭력은 호감을 갖고 만나거나 사귀는 관계, 또는 과거에 만났던 적이 있는 관계에서 발생하는 언어적·정서적·경제적·성적·신체적 폭력을 의미한다. 그 중 성적 폭력이 자주 일어나고 있다. 데이트 성폭력은 호감을 갖고 만나거나 사귀는 관계 또는 과거에 만났던 적이 관계에서 상대방의 동의없이 이루어지는 모든 성적행위를 의미한다.

구분	10대	20대	30대	40대	50대	60대 이상	합계
2016년	277 (3.14%)	2,799 (31.77%)	2,336 (26.52%)	1,828 (20.75%)	1,237 (14.04%)	333 (3.78%)	8,810
2017년	315 (2.77%)	3,873 (34.03%)	2,868 (25.2%)	2,276 (20%)	1,625 (14.28%)	423 (3.72%)	11,380
2018년	431 (3.17%)	4,805 (35.31%)	3,569 (26.23%)	2,532 (18.61%)	1,750 (12.86%)	522 (3.84%)	13,609
2019년 7월	225 (3%)	2,725 (36.36%)	1,891 (25.23%)	1,336 (17.83%)	1,012 (13.5%)	305 (4.07%)	7,494
합계	1,248 (3.02%)	14,202 (34.39%)	10,664 (25.83%)	7,972 (19.31%)	5,624 (13.62%)	1,583 (3.83%)	41,293

※ 경찰청 제출자료를 백혜련 의원실이 재구성

■ 데이트 폭력의 위험 신호

- 큰소리로 호통을 친다.
- 하루 종일 많은 양의 전화와 문자를 한다.
- 통화내역이나 문자 등 휴대전화를 체크한다.
- 옷차림이나 헤어스타일 등을 자신이 좋아하는 것으로 하게 한다.

- 다른 사람들을 만나는 것을 싫어한다.
- 날마다 만나자고 하거나, 기다리지 말라는 데도 기다린다.
- 만날 때마다 스킨십이나 성관계를 요구한다.
- 과거를 끈질기게 캐묻는다.
- 헤어지면 죽어버리겠다고 한다.
- 둘이 있을 때는 폭력적이지만 다른 사람과 함께 있으면 태도가 달라진다.
- 싸우다가 외진 길에 연인을 버려두고 간 적이 있다.
- 문을 발로 차거나 물건을 던진다.

■ 데이트 성폭력의 유형

- 나의 의사에 상관없이 가슴, 엉덩이 또는 성기를 만지는 것
- 내가 원하지 않는데 얼굴, 팔, 다리 등 몸을 만지는 것
- 내가 원하지 않는데도 애무를 하는 것
- 나의 기분에 상관없이 키스를 하는 것
- 내가 원하지 않는데도 섹스를 강요하는 것
- 내가 원하지 않는 형태의 체위를 요구하는 것
- 내가 원하지 않는데 음담패설을 하는 것
- 상대가 나에게 강제로 삽입행위를 하려다 삽입 직전에 그만 두는 것
- 내가 원하지 않는 섹스 동영상이나 나체 사진을 찍는 것, 이를 유포하는 것
- 섹스를 하기 위해 잡거나 누르는 등의 완력을 사용하는 것
- 유사성교를 하기 위해 위협하는 것
- 섹스를 하기 위해 때리거나 다치게 할 수 있는 물건을 나에게 집어 던지는 것

■ 디지털 성폭력(리벤지 포르노)

데이트 성폭력의 유형 중 최근에는 '리벤지 포르노'라는 이름으로 관계를 파기한 상대를 모욕하거나 상대에게 보복하기 위한 목적으로 개인 간 성적 영상물을 촬영, 유포하는 디지털 성폭력이 급증하고 있다. 사랑했던 순간을 음란물로 소비하게 만드는 범죄행위이다.

4. 토의 및 발표

■ 보복성 음란물-리벤지 포르노[2]

피해자 극단적 선택까지… 끝 모르는 '리벤지 포르노'

헤어진 연인의 신체 사진이나 성관계 등 장면이 담긴 동영상을 가지고 협박하는 '리벤지 포르노' (보복성 음란물) 범죄가 끊이지 않고 있다. 피해자들은 대부분 심각한 정신적 고통을 호소하며 심할 경우 극단적 선택으로 이어지는 경우까지 있다. 수사기관에 적발돼 법적 처벌을 받는 사례가 잇따르고 있지만, 처벌 수위가 미약한 탓에 비슷한 범죄가 되풀이되고 있다는 지적이 나온다.

5일 경찰에 따르면 광주 남부경찰서는 성폭력범죄의 처벌 등에 관한 특례법 위반 등 혐의로 A(24)씨를 구속했다. A씨는 지난 1월23일 광주 남구의 한 모텔에서 전 여자친구 B(21)씨의 옷을 강제로 벗기고 사진을 찍은 혐의를 받고 있다. 그는 B씨에게 '다시 만나주지 않으면 사진을 유포하겠다' 고 협박한 것으로 전해졌다. 결국 B씨는 같은 달 28일 자신의 집에서 극단적 선택을 했다

가수 구하라(28)씨도 전 남자친구와 쌍방 폭행과 리벤지 포르노 협박 사건으로 법정 공방을 벌이다 지난달 26일 극단적 선택을 시도했다. 구씨는 지난해 전 남자친구가 과거 구씨와 함께 찍은 내밀한 영상을 보내면서 유포하겠다고 협박한 사실이 공개된 뒤로 심적 고통을 앓아온 것으로 알려졌다.

경찰청에 따르면 리벤지 포르노 등 불법촬영물 유포 범죄는 2013년 2300여건에서 꾸준히 증가해 2017년 5400여건으로 5년 새 두 배 가까이 늘었다. 이른바 '몰래카메라' 가 포함된 통계이지만 상당수가 헤어진 연인이 유포한 촬영물이라고 한다. 이처럼 리벤지 포르노 범죄가 갈수록 느는 이유를 이수정 경기대 교수(범죄심리학)는 "처벌이 솜방망이 수준이기 때문"이라고 분석했다.

세계일보, 김주영 기자
2019-06-15

---

2 [세계일보] 피해자 극단적 선택까지… 끝 모르는 '리벤지 포르노'
http://www.segye.com/newsView/20190605509213?OutUrl=naver

헤어지자고 하자 동영상을 유포하겠다고 협박을 당한다면 나는 어떤 기분이 들지, 그리고 어떻게 해야할 지 이야기 해 봅시다.

- 협박을 당한다면 어떤 심리상태가 될 것 같은가?

- 리벤지 포르노의 협박을 당한다면 어떻게 대응해야 하는가?

우리 사회에서 리벤지 포르노 문제를 바라보는 시각은 어떠한가요? 단순 장난일까요? 불법 동영상 촬영 관련 범죄행위일까요?

- 리벤지 포르노에 대한 사회적 인식

- 장난이라고 생각한다면 그 이유는?

- 범죄라고 생각한다면 그 이유는?

【참고문헌】

1. [아시아 경제] "데이트 폭력 끝, 살인" 피해자 30% '남편·애인'에 살해
https://view.asiae.co.kr/article/2019081316200676735
2. [세계일보] 피해자 극단적 선택까지… 끝 모르는 '리벤지 포르노'
http://www.segye.com/newsView/20190605509213?OutUrl=naver

3부

성(性), 평등을 넘어서

9

조직과 평등

1. 학습목표

- 조직문화의 개념과 특성, 유형에 대해 이해하기
- 조직에서 성평등한 조직문화를 조성할 수 있는 방안 생각해 보기

♣ 주요개념: 조직문화, 성평등

2. 들어가며

■ 성평등한 조직문화를 만들려면 어떻게 해야하나?

다음 뉴스 내용을 읽고 조직문화와 성평등에 대해 이야기해 봅시다.[1]

대전 공직자들 "성평등? 상사의 태도가 중요"

성평등한 일터를 만드는 데는 직장 상사의 의식과 태도가 가장 중요하다는 대전시 공무원들의 설문조가 결과가 나왔다. 대전시는 지난 4월 29일부터 5월 10일까지

1 [디트NEWS24] 대전 공직자들 "성평등? 상사의 태도가 중요". https://dtnews24.com/news/articleView.html?idxno=558638

자치구를 포함한 공사 공단 출자출연기관의 공무원 등 직원 1만 3,712명을 대상으로 실시한 성평등 의식 설문조사 결과를 19일 공개했다.

대전세종연구원 여성가족정책센터가 지난 6월부터 8월까지 실시한 설문조사 결과분석에 따르면 '성평등한 일터를 만드는 데는 상사의 의식과 태도가 가장 중요하다'는 문항에 직원들의 동의 정도가 5점 만점에서 4.17점으로 가장 높았다.

직장이 성평등하지 못한 이유에 대해서는 '조직문화와 관행이 남성위주로 되어 있어서(35.4%)'라는 응답이 가장 많았으며, 여성의 '일·가정 양립이 어려워서(15%)'라는 응답이 뒤를 이었다.

불평등한 처우에 대해서는 여성은 승진 및 평가분야(23.4%)를 남성은 업무분배, 부서배치 등(12.1%)을 꼽아 차이를 보였다. 평등한 직무환경을 위해서는 능력과 업적에 의한 승진(16.8%)과 업적에 의한 공정한 근무평정(16.7%)을 원하는 것으로 나타났다.

중 략……

[디트NEWS24] 2019. 9. 19
정인선 기자

우리 학교는 성평등 문화가 잘 정착되어 있다고 생각하나요? 이에 대한 자신이 생각을 이야기 해 봅시다.

- 성평등 문화가 잘 정착됐다고 생각한다면 그 이유는?

- 성평등문화가 잘 정착되지 않았다고 생각한다면 그 이유는?

▶ **군에서 성평등 문화 형성을 위해 내가 지휘관(상관)이라면 어떤 노력을 할 수 있을지 이야기 해 봅시다.**

- 내가 지휘관이라면 나의 부대의 성평등문화 정착을 위해서 어떤 노력을 할 것인가?

- 그러한 노력의 효과성을 평가하는 기준은 무엇인가?

3. 생각해봅시다

■ 조직문화의 개념 및 특성[2]

조직문화(Organizational Culture)는 개별 조직의 고유역할과 기능에 따라 형성되어온 일반적 생활양식을 의미한다. 조직문화에 대한 개념정의는 학자마다 조금씩 견해를 달리하지만[3] 공통적으로 조직문화는 '어느 한 조직에서 공유된 가치와 규범체계로서 조직의 행동과 태도에 영향을 미치는 요소' 라고 할 수 있다. 이러한 조직문화는 조직의 또 다른 결과물이면서 조직의 한 과정으로 볼 수 있으며, 조직 구성원들 스스로 특정 방식을 배우고, 답습하는 것과 동시에 새로운 것을 재생산하여 발전된 조직형태를 만들게 된다. 또한 조직문화는 특정 집단이 외부환경에 적응하고 내적으로 통합해 나가는 과정에서 형성된 것으로(Schein, 1992), 이는 오랜 기간 구성원들에게 내재화되기 때문에 조직에서 타당하게 인식되는 방법으로 사고하고 느끼고 조직의 문제를 해결하는 방식으로 학습된다는 특성을 지닌다.

■ 조직문화의 기능 및 유형

조직문화의 기능은 첫째, 집단적으로 공유되며, 둘째, 학습되며, 셋째, 계승되며, 넷째, 조직원의 인식 및 행동에 영향을 미치며, 다섯째, 외부환경에 적응하게 한다(Hofstede, 1981; 김재영, 1999; 이한검, 1996). 또한 조직문화는 조직이 지향하는 기대행위를 공유하게 하며, 구성원 간의 행동양식을 규정하고 이에 정당성을 부여하여, 조직 내 원활한 커뮤니케이션을 위해 조직 구성원들 간의 협력을 촉발시킨다.

이처럼 조직문화는 조직구성원들에게 내재화되고 학습되어온 공유가치를 기본

---

2 한국양성평등교육진흥원. (2018). "2018 성희롱(성폭력) 고충상담원 전문교육" 발췌

3 조직문화란 특정 조직에 공유된 가치와 규범의 체계, 조직구성원에게 적절한 태도와 행동이 무엇인지를 알려주고, 환경 대응방식, 구체적 행동전략 및 구성원 간 상호작용을 규율하는 일종의 지침(O' Reilly and Chatman, 1996)이며, 하나의 조직과 다른 조직을 구별짓는 가치관, 신념, 직무스타일, 인간관계의 독특한 유형(Harrison, 1992)으로 정의하기도 함.

요소로 외부환경에 적응함은 물론, 구성원간의 내부 통합에 관련된 문제들을 해결하는 방식을 제공한다. 또한 조직의 생존을 위해 해결해야 하는 문제에 대한 신념과 동기부여, 전략, 행동을 위한 절차 및 방법, 기술을 제공하는 기능을 갖는다.

이러한 조직문화는 고정적이지 않으며, 다양한 환경 요소와 상황에 따라 변형되고 새롭게 형성되기 때문에 조직문화 유형을 하나로 정의하기는 쉽지 않다. 조직문화의 유형에 대한 모델 중 Quinn의 경쟁가치모형은 조직문화 유형을 4가지 특성으로 구분하여 설명하고 있다(Quinn & Rohrbaugh, 1981). 경쟁가치모형은 집단문화(clan culture), 혁신문화(adhocracy culture), 위계문화(hierarchical culture), 성과문화(market culture)의 특성으로 조직문화 유형을 구분하는데, 이를 특성별로 정리하면 다음 〈표 9.1〉과 같다.

〈표 9.1〉 경쟁가치모형에 따른 조직문화 유형별 개념과 특징

조직문화 유형	유형별 개념 정의	특징
집단문화 (관계지향문화)	- 팀워크, 협력, 단합, 응집성 중시 - 조직구성원의 능력개발과 조직구성원 간의 공동체 의식이 강조됨	- 구성원의 단합과 원활한 조직분위기 형성에 유리 - 집단주의의 우려가 있으며, 성과보다는 조직내부의 질서유지에 초점, 획일화된 조직분위기 형성
혁신문화 (혁신지향문화)	- 조직구성원의 창의성과 도전정신 중시 - 외부 환경에의 적응 위한 조직변화와 혁신이 강조됨	- 유연한 사고와 다양한 견해, 창의력 개발 - 기존의 규범이나 관습과 자유와의 균형
성과문화 (시장지향문화)	- 구성원들의 생산성, 효율성과 성과 극대화에 관심 - 목표달성 및 과업의 완결성이 강조됨	- 합리적 성과지향으로 인한 역동적인 조직분위기 형성 - 지나친 성과주의로 인한 조직구성원 간 갈등 초래
위계문화 (위계지향문화)	- 조직 내부의 통합과 안정성 중시 - 공식화된 규칙과 조직 질서가 강조됨	- 업무 수행의 차질 없는 진행 - 지나친 규정과 규율, 관리감독으로 조직의 수동적 분위기 형성

출처 : Quinn & Rohrbaugh(1981).

공공부문(정부 및 지자체, 각급 학교, 공공기관, 공직유관단체 등)은 민간기업과 달리 '공공성' 의 가치를 추구하는 공통점을 갖는다. 따라서 민간부문과는 달리 사회적 역할과 책무가 더 크다고 할 수 있다. 관련 연구에 따르면 우리나라의 공공부문은 기본적으로는 명확하고 달성 가능한 목표와 성과에 따른 보상이 적절하게 이루어지는 조직 유형이 일반적이다. 즉 정부 관료제의 성격을 띠고 있으며, 조직문화도 성과지향문화, 위계지향문화가 상대적으로 높은 것으로 나타나고 있다. 위계문화는 관료적 조직 혹은 공공조직에서 대표적으로 나타나는 조직문화로서 구성원에 대한 감독과 통제가 중요시 되고, 구성원들이 현상유지를 추구하는 안정지향형 조직문화라고 할 수 있다(하정우, 2014). 한편 공공기관[4]은 그 설립 목적과 배경, 구성원의 성비, 업무 특성 등에 따라 민간기업과는 상이한 조직문화를 형성할 확률이 높다. 따라서 소속된 기관의 조직문화에 따라 직장 내 성희롱(성폭력)에 대한 인식과 영향은 상이할 것으로 예상할 수 있다.

4 공공기관이란 정부의 투자-출자 또는 정부의 재정지원 등으로 설립 운영되는 기관으로서 공공기관의 운영에 관한 법률 제4조 1항 각호의 요건에 해당하여 기획재정부장관이 지정한 기관으로서, 공기업 준 정부기관과 기타 공공기관으로 구분됨.

4. 토의 및 발표

▶ **경쟁가치모형에서 우리 군은 어떤 조직문화 유형에 포함되는지 이야기 해 봅시다.**

- 육군의 조직문화는 어떤 유형인가?

- 육군 조직문화의 특징은 무엇인가?

더 알아보기

■ 성평등한 조직이 되려면 이렇게 하세요!![5]

▶리더십

목 적	지 표	확인
우리 조직은 성평등을 증진시키기 위한 명확한 전략을 가진다.	우리 조직은 성평등을 위한 독립적인 정책 혹은 전략이 있다.	☐
	우리 조직의 성평등 전략은 구체적이고 측정 가능한 목표를 가지고 있다.	☐
	조직구성원은 성평등한 조직문화를 위해 자신의 업무 영역 또는 연관성을 인지하고 있다.	☐
여성은 평등하게 의사결정에 참여할 수 있으며 영향력을 가진다.	관리직의 성별 비율은 비교적 균등하게 구성되어 있다.	☐
	의사결정 과정에서 여성과 남성이 동등하게 참여하고 있다. (한쪽 성별 비율이 30% 이상)	☐
	리더십을 갖는 지위에 여성이 진출할 수 있도록 구체적인 전략을 가지고 있다.	☐
관리자로서 성평등 이슈를 이해하기 위한 역량을 가지고 있으며, 이에 헌신한다.	지난 1년 이내 성평등이나 관련 교육에 참여하였다.	☐

5 Alison Barclay & Kiri Dicker. (2014). "조직 내 성주류화 실행 가이드", 여성가족부 유쾌한 변화 성평등 발췌.

▶문화

목 적	지 표	확인
조직은 여성과 남성이 동등하게 일할 수 있는 환경을 제공한다.	조직은 성차별을 예방하기 위한 구체적인 정책과 절차를 가지고 있다.	□
	조직은 여성과 남성 모두 일과 가족생활의 균형을 이룰 수 있도록 이를 지원하는 구체적인 정책을 가지고 있다. (예. 유연근무시간, 육아휴직, 출산휴가)	□
	조직구성원은 이러한 정책을 정기적으로 안내받는다.	□
	조직구성원은 필요시 출산휴가나 육아휴직을 자유롭게 이용할 수 있다.	□
조직은 여성과 남성에게 동등한 영향을 미친다.	조직의 미디어와 의사소통매체(예. 웹사이트, 홍보 등)는 여성과 남성을 동등한 이미지로 보여준다.	□
	조직구성원은 성평등한 조직문화를 위해 자신의 업무 영역 또는 연관성을 인지하고 있다.	□

▶책임성

목 적	지 표	확인
조직 예산에 성평등 정책이나 성평등 공직문화 조성을 위한 재정적 지원이 할당되어 있다.	성평등 정책이나 성평등한 조직문화를 조성할 수 있는 계획을 실천하기 위한 예산이 있다.	□
조직이 성평등을 위해 노력한 내용을 공개하거나 보고한다.	조직은 성평등한 조직문화를 위해 노력한 내용을 공개적으로 보고한다.	□

▶ 역량

목 적	지 표	확인
성평등은 모든 조직구성원의 책임이다.	조직의 양성평등과 관련된 안건을 다루는 기구(양성평등위원회 등)가 있다.	□
	지난 1년 이내에 조직구성원들은 성평등 관련 교육을 받았다.	□
모든 조직구성원은 성평등한 공직문화를 위한 역량과 전문성을 갖는다.	조직구성원은 교육과 포럼 등을 통해 성평등에 관한 지식 공유를 위해 노력한다.	□

▶ 프로그램

목 적	지 표	확인
조직은 성 인지 통계(성별분리통계) / 성별영향 분석평가 / 성인지 예산 등 관련 정책을 이행한다.	조직은 정책과 사업에 대한 성별영향평가를 수행한다.	□
	조직 내에서 생산되는 모든 인적 자료를 성별로 분리하여 정보를 제공한다.	□
여성과 남성 모두 조직 프로그램이나 활동의 설계와 실행에 적극적으로 참여한다.	프로그램이나 활동에서의 성별 균형을 고려한다.	□
	조직은 프로그램과 활동에 여성과 남성이 어려움 없이 참여할 수 있음을 강조한다.	□
	조직은 프로그램과 활동을 평가함에 있어 여성과 남성 모두와 자세히 협의한다.	□

【참고문헌】

1. 한국양성평등교육진흥원. (2018). "2018 성희롱(성폭력) 고충상담원 전문교육"
2. [디트NEWS24] 대전 공직자들 "성평등? 상사의 태도가 중요".
   https://dtnews24.com/news/articleView.html?idxno=558638

10

가정과 평등

1. 학습목표

- 평등의 개념과 유형을 이해하고 가치와 필요성 설명하기
- 성 평등의 실현을 위한 실질적인 방안 생각해 보기

♣ 주요개념: **평등, 육아휴직, 성역할 고정관념, 성별에 따른 경제활동**

2. 들어가며

■ 가정에서 가사와 육아는 누가해야 하나?

다음 뉴스 내용을 읽고 가사와 육아에 대해 이야기해 봅시다.[1]

맞벌이 가사시간 아내가 7.4배, 노동시간 남편이 1.3배

맞벌이 부부 기준으로 남편의 노동시간이 아내의 1.3배로 길지만, 가사시간은 아내가 남편의 7.4배로 많은 것으로 나타났다. 육아시간도 아내가 남편의 3.5배로 길

---

1 [문화일보] 맞벌이… 가사시간 아내가 7.4배, 노동시간 남편이 1.3배. https://news.v.daum.net/v/20190408115105493

었다. 남성 외벌이는 노동시간이 길고, 가사와 육아시간은 상대적으로 짧았지만, 여성 외벌이는 가사·육아시간이 남성과 비슷하거나 더 많은 경향이 보였다. 특히 맞벌이 부부들은 '노동 > 여가 > 가사 > 육아' 등의 순으로 많은 시간을 보냈다. 일·가정 양립을 위해선 남성의 장시간 노동 완화가 필요하다는 지적이 나온다.

중 략……

보고서는 "남편과 아내 모두 노동시간이 길수록 가사와 육아시간이 줄어드는 것으로 나타나 노동시간과 가사·육아시간은 서로 상충 관계임을 보여준다"며 "노동시간이 길어지면 가사와 육아시간이 줄어들 수밖에 없기 때문에 장시간 노동을 완화하는 게 무엇보다도 필요하다"고 말했다. 특히 "여성보다는 남성의 가사·육아시간이 절대적 수치로도 매우 낮은 상황이기 때문에, 남성의 장시간 노동 완화에 더욱 초점을 맞춰야 할 필요가 있다"고 권고했다.

[문화일보] 2019. 4. 8
이용권 기자 freeuse@munhwa.com

▶ 가사와 육아 등 가정시간에 있어 남성과 여성이 차이가 나는 이유는 무엇일까요?

- 가사와 육아 등에서 남성과 여성의 차이가 있다고 생각하는가?

- 가사와 육아 등에서 성별 차이가 발생하는 이유는 무엇이라고 생각하는가?

남성과 여성이 함께 만들어 가는 가정을 위해 서로 어떤 노력을 하면 좋을까요?

- 가사와 양육을 위한 남성과 여성의 노력

3. 생각해봅시다

■ 평등의 개념[2]

평등(平等)의 사전적 의미는 권리, 의무, 자격 등이 차별이 없이 고르고 한결같다는 것이다. 세계인권선언 제1조는 다음과 같이 말하고 있다.

"우리 모두는 태어날 때부터 자유롭고, 존엄성과 권리에 있어서 평등하다."

이는 인권의 대전제로서, 인간이라면 누구든지 어떤 이유로도 차별을 받지 않고 평등한 대우를 받아야 한다는 뜻이다. 즉, 인간이라는 이유 하나로 어떠한 부당한 대우나 차별을 받아서는 안 된다는 의미이다. 또한 권리를 행사하거나 누릴 때 똑같이 할 수 있어야 한다는 뜻이기도 하다.

■ 평등의 유형[3]

일반적으로 평등은 누구에게나 같은 기회를 주면 되는 것이라고 생각한다. 그러나 평등의 가치와 실현 방법은 그렇게 간단하지 않다. 즉, 평등은 누구에게나 똑같은 기회를 주고 동일한 기준을 적용할 때에만 이뤄지는 것이 아니다. 예를 들어 누구에게나 100m 달리기를 할 기회를 줄 수 있지만, 100m 달리기에 소요되는 시간 기준은 어린이, 청소년, 성인에 따라 다를 수 밖에 없다. 이처럼 개인이 처한 상황과 목적에 따라 그 기준이 서로 다르게 적용될 수 있도록 그 조건들을 배려해 주는 것도 평등의 한 요소가 된다.

평등의 유형은 기회의 평등, 조건의 평등, 결과의 평등으로 나눌 수 있으며, 그 상황과 목적에 따라 다르게 적용된다.

---

2 여성가족부. (2016). "성인권(고등학교)". 여성가족부 폭력예방교육자료. p. 57 발췌

3 여성가족부. (2016). "성인권(고등학교)". 여성가족부 폭력예방교육자료. p. 60~61 발췌

▶ 기회의 평등

누구에게나 같은 기회를 주는 것을 말한다. 이는 근대 시민사회 이후 강조된 것으로, 프랑스 대혁명 이후 신분이나 지위, 재산 등에 관계없이 공평하게 자신의 능력을 펼칠 기회를 준다는 점에서 평등의 핵심으로 이해되어 왔다. 근대 시민사회 이전에는 타고난 신분에 의해 사회적 지위나 역할이 결정되었다면, 근대사회 이후에는 개인의 역량이 무엇보다 중시되었다.

그러나 근대적 인권의식의 출발을 알린 프랑스 혁명을 통해서도 여성에게 선거권은 주어지지 않았다. 여성의 정치참여 권리를 인정하라는 여성 참정권 운동은 기회의 평등을 성취하려는 대표적인 사례였다고 할 수 있다. 오늘날 여성에게 선거권과 피선거권이 부여된 것은 이러한 운동의 결실이다. 여성에게 교육 기회가 주어진 것, 임금노동의 기회가 주어진 것 역시 기회의 평등을 추구한 결과로 볼 수 있다.

▶ 조건의 평등

조건의 평등은 기회의 평등에 대한 현실적인 한계를 인식하면서 대두된 개념이다. 이는 같은 기회가 주어졌지만 개인마다 처한 상황이 다르면 이에 상응하는 조건들을 조절하여 평등하게 하는 것이다.

예를 들어, 여성이 남성과 동일한 고용 기회를 통해 일을 하더라도 결혼 후에 집안일과 육아 등을 하면서 회사 일을 병행해야 하는 여성의 경우, 남성과 노동조건이 동일하다고 볼 수 없다. 노동조건이 동일하려면 가사와 육아의 책임이 남성과 여성 모두에게 동일하게 주어져야 하기 때문이다. 근무시간을 탄력적으로 쓸 수 있게 조정하고 남성의 육아휴직을 적극 권장하는 등, '일과 가정의 양립 정책'[4]

4 일하는 방식과 문화를 개선하여 근로자가 마음껏 능력을 발휘할 수 있도록 하고, 기업의 생산성과 경쟁력을 높이면서 일과 가정의 균형을 이루도록 하는 정책으로 임신, 출산 근로자 보호, 육아보육지원, 근로시간 유연화, 일과 가정의 양립을 돕는 기업의 지원 정책 등이 해당된다.

을 시행하는 것은 여성과 남성에게 동일한 노동조건을 제공하는 것을 목적으로 한다. 이처럼 주어진 조건과 환경이 다를 경우, 그에 따라 다르게 대우하는 것이 조건의 평등이다.

결과의 평등

결과의 평등은 기회와 조건의 평등에도 불구하고 여전히 존재하는 불평등 문제를 극복하기 위해 대두된 개념으로, 최종적인 결과를 같게 하기 위해 필요에 따라 한시적으로 같은 결과를 유지할 수 있도록 해주는 것을 말한다.

예를 들면, 장애인의 노동권이 중요해 진다면 장애인 정책이 수립되어야 하는데, 그러기 위해서는 의사결정자의 위치에 장애를 잘 아는 사람이 참여해야 한다. 그래야만 필요한 요구에 맞춰 정책을 수립할 수 있기 때문이다. 그러나 아직 장애인에 대한 사회적 형평성이 충분하지 않아 중요한 의사결정권의 위치에 장애인이 임명되기에는 경력이 부족하다. 이때 결정권자의 필요로 인해 장애인의 자리를 할당하여 임명되도록 하는 경우가 있는데, 이것이 결과의 평등을 추구하는 예시이다. 이는 평등을 이루기 위한 한시적인 조치로, 경력자가 많아지면 이 제도가 변경되거나 없어질 수 있다.

4. 토의 및 발표

■ 육아휴직은 여성만이 사용해야 하는가?[5]

세계 최초 남성 육아휴직 도입해 일군 '육아천국'

한 손엔 커피를, 다른 한 손엔 유모차를 끌고 다니는 아빠를 가리키는 '라테파파(latte papa)'라는 신조어가 나온 곳이 스웨덴이다. 공동 육아 문화가 자리 잡을 수 있었던 배경에는 선구적인 육아휴직제가 있다. 스웨덴은 1974년부터 여성 인력 활용의 중요성을 깨닫고, 세계에서 처음으로 남성 육아휴직을 도입했다. 정부의 적극적인 지원과 정책은 사회 인식과 조직 문화를 바꾸었다. 스웨덴 젊은 아빠들 사이에서 좋은 기저귀를 고르는 법은 자연스러운 대화 주제이다.

스웨덴 사회보험청 니클라스 뢰프그렌 대변인은 "일과 가정을 수월하게 양립할 수 있게 하는 것이 스웨덴 육아정책의 목표"라고 했다. 스웨덴은 육아휴직 남녀 할당제를 도입해 운영하고 있다. 육아휴직 기간은 1974년 180일로 시작해 2002년부터 480일로 유지되고 있다. 아이가 0세부터 12세 때까지 사용할 수 있다. 1991년에 정부는 전체 480일 육아휴직 기간 중 남성만 쓸 수 있도록 30일을 할당했다. 만약 이 기간을 아빠가 쓰지 않아도 엄마에게 양도할 수 없다. 2002년 60일, 그 이후에는 90일로 할당일을 늘리면서 남성의 육아휴직 사용률이 빠르게 올랐다. 1974년 육아휴직 수당의 99.5%가 여성들에게 지급됐지만, 지금은 29%가 남성들에게 지급되고 있다. 스웨덴 남성의 평균 육아휴직 사용 일수는 107일이다.

[경남도민일보] 2018. 11. 29
정봉화 기자 bong@idomin.com

---

5 [경남도민일보] 세계 최초 남성 육아휴직 도입해 일군 '육아천국'. http://www.idomin.com/?mod=news&act=articleView&idxno=582683

한국사회에서 남성이 육아휴직을 사용하기 힘든 이유는 무엇일까요?

- 문화적 배경

- 경제적 이유

- 기타 이유

▶ 가정에서 성역할 고정관념을 탈피하고, 양성이 평등하기 위한 방법은 어떤 것이 있을까?

- 정부의 역할

- 조직의 역할

- 개인의 역할

▶ 만약 직장에 유모차를 끌고 오는 직원이 있다면 어떤 일이 벌어질까요?

• 직원의 입장에서 생각해 봅시다.

• 경영자(대표자)의 입장에서 생각해 봅시다.

• 유모차를 끌고 온 직원의 마음은 어떨까요?

【참고문헌】

1. 여성가족부. (2016). “성인권(고등학교)”. 여성가족부 폭력예방교육자료.

2. [경남도민일보] 세계 최초 남성 육아휴직 도입해 일군 ‘육아천국’.
http://www.idomin.com/?mod=news&act=articleView&idxno=582683

3. [문화일보] 맞벌이… 가사시간 아내가 7.4배, 노동시간 남편이 1.3배.
https://news.v.daum.net/v/20190408115105493

11

유리천장 효과

1. 학습목표

- 성차별과 유리천장의 개념 및 원인 이해하기
- 남녀가 차별없는 경력을 만들기 위한 방안 생각해 보기

♣ 주요개념: 성차별, 유리천장, 경력단절

2. 들어가며

■ 누구나 자신의 꿈을 실현할 수 있는가?

다음 뉴스 내용을 읽고 여성의 경력단절에 대해 이야기해 봅시다.[1]

경력이냐 출산이냐, 한국여성의 괴로운 선택

요즘 대학의 경제학 강의실에 들어가 보면 여학생 비율이 절반이다. 전국 대학 신입생 중 여학생 비율은 몇 년 전부터 50%다. 학점이나 취업률 등 질적 측면에서도

1 [동아일보] 경력이냐 출산이냐, 한국여성의 괴로운 선택. https://n.news.naver.net/article/020/0003210657

여학생의 성취는 남학생과 동등하다. 그러나 이들이 사회생활을 10년 정도 하고 나면 상황은 크게 달라진다. 20대 후반에 74.9%이던 여성 취업률은 30대 후반 59.7%로 떨어진다. 경력 단절 현상이다. 이 수치는 40대 후반에 71%로 반등한 후 다시 떨어지는데 일자리의 질은 예전만 못하다. 막대한 공적·사적 교육 투자로 형성된 여성 인적자본의 시장가치가 회복되기 힘든 수준으로 파괴된다.

경력 단절은 다른 선진국에서도 나타나지만 한국이 가장 심각하다. 미국은 경력 단절이 미미해 30대 후반 여성의 취업률이 74.3%고, 일본도 73.4%다. 한국 젊은 여성의 인적자본 수준은 세계 최고지만 그 가치가 파괴될 확률도 세계 최고다. 이는 돌봄노동 부담 때문이다. 우리나라 성인 여성의 평균적 가사노동(가정관리와 돌봄) 시간은 하루 4시간인데, 어린 자녀가 있으면 여기에 2시간 이상을 더해야 한다. 여성의 가사노동 시간을 연령별로 보면, 20대 후반부터 점차 높아져 30대에 정점을 찍고 40대 초까지 높은 수준을 유지하는데 이 연령대가 경력 단절 시기다.

중 략……

[동아일보] 2019. 4. 15
하준경 객원논설위원(한양대 경제학부 교수)

▶ 한국사회에서 여성들이 경력단절을 해야만 하는 이유는 무엇일까요?

- 경력단절의 문화적 이유

- 경력단절의 사회적 이유

- 경력단절의 경제적 이유

여성의 경력단절을 줄이기 위한 방법은 무엇이 있을까요?

- 정부의 역할

- 직장의 역할

- 가정의 역할

3. 생각해봅시다

■ 성차별의 정의[2]

성차별이란, 자신의 성적 정체성으로 인해 겪게 되는 모든 종류의 억압과 차별, 그리고 불평등한 상황을 의미한다.

일반적으로 사람들은 타인에 대한 관심을 나타낼 때 우선 그가 남자인지 여자인지에 초점을 맞춘다. 즉 성에 따라 관심의 내용이 달라지고 대하는 태도와 평가기준이 달라지며, 남성다움, 여성다움이 강조되고, 남녀의 역할규정 및 기대 간에 차이가 나타나는 것이다. 이처럼 남녀의 생물학적 성에 기초한 이분법적 사고는 편견과 차별로 이어져 일상생활에서부터 정치, 경제, 사회, 문화 제도를 위시한 모든 영역에서 보편적인 성차별 현상으로 나타나고 있다.

성차별은 쉽게 인식되지 않는 이데올로기(uncouscious ideology)이다. 성차별은 역사적으로 오랜 동안 행해져왔고 일반적으로 존재하고 있으므로 피해자나 가해자 모두 자신이 차별을 행하고 있는지 차별을 받고 있는지 쉽게 의식하지 못한다. 따라서 성차별적인 사회의 구성원들은 별다른 거부감 없이 성차별적인 삶을 살고 있고 미래 세대에도 성차별적인 삶을 살도록 영향을 미치고 있다.

■ 성차별의 결과

성차별은 결과적으로 여성과 남성을 모두 비인간화시키지만 특히 여성들에게 정서적으로 많은 희생의 대가를 치르도록 하며, 사회적, 경제적으로 불평등한 상황 속에서 낮은 지위에 머물도록 만들고 있다. 성차별은 여성들을 자신감이 없는 무능력한 존재로 만들며 여성들 스스로 자신을 비하하고 평가절하 하도록 한다.

---

2 한정자. (2004). "성차와 성차별의 이해", 군인의 성인지력 향상을 위한 교육교재 개발 결과 보고서, 여성부.

또한 여성들 서로가 시샘하고 상대의 가치를 제대로 인정하지 않으려는 여왕벌 증후군을 나타내도록 하는가 하면, 사회성원들이 여성을 무시하도록 하기도 한다.

남성도 성차별에 의해 비인간화되고 있다. 우리사회는 남성다움의 신화를 갖고 있다. 즉 남자는 씩씩해야하고, 눈물을 보여서는 안되고, 싸워서 이겨야 하고, 경청하기 보다는 내 주장이 강해야 하고, 가정의 주 수입원이 되어야 하며, 모든 문제를 주도적으로 해결해야 하고 가족들을 지배(통솔)할 수 있어야 하며, 특히 부인보다 잘나야 한다는 신화가 있다.

현대사회와 같이 남녀가 공동 참여하고 공동 책임지는 사회에서 어떻게 남성이 항상 공사를 막론하고 모든 일에서 주도적이며, 모든 문제의 해결자가 될수는 없기 때문에 남성 역시 성차별의 피해자임은 자명하다.

한데 오늘날 과거에 비해 성차별이 완화되고 있다는 신념이 널리 확산되고 있다. 그러나 보다 자세히 들여다보면 성차별은 오히려 새로운 형태를 띠고 나타나고 있다. 곧 '제도적 차별'과 '명백한 차별(overt discrimination)'은 감소한 대신 '미묘한(subtle) 차별'과 '숨겨진(covert) 차별'이 더욱 빈번하게 나타나고 있는 것이다.

예컨대 여성을 보호한다는 구실로 해외연수 출장에서 제외시키거나 중요 보직에서 제외시키는 행위, 은행에서 여행원제가 폐지되는 대신 계약제를 도입한 경우, 결혼퇴직제와 같은 제도적 차별이 없어진 반면 결혼한 여성을 가정과 거리가 먼 다른 지역에 전출시킨 경우, 직장 내 성희롱과 여성을 비하하는 언어폭력을 사용하는 경우 등에서 볼 수 있듯이 직장 분위기와 문화 등을 통해 성차별적 관행이 지속되고 있다. 이러한 종류의 차별은 기존의 제도적 차별보다 경우에 따라서는 더 큰 피해를 낳는다. 명백한 근거가 없기 때문에 법에 호소하기도 어렵고 증거를 확보하기도 어려워 그 해결방안을 모색하기가 더욱 어렵기 때문이다.

최근 서구사회에서 여성운동에 자극을 받은 남성들이 기존의 성차별적 구조 하에서는 남성도 피해자임을 주장하면서 남성의 해방을 주장하고 있음은 주목할 만하다. 이들의 주장에 따르면, 남성다움의 고정관념은 남성들로 하여금 항상 경쟁적이고 합리적이며 문제를 해결하는 능력을 기대하기에 부드러움과 풍부한 감정을 키울 수 있는 가능성을 저해한다. 성 역할 분업구조는 남성으로 하여금 가족의 생계를 책임질 것을 기대하기에 남성에게 부담으로 느껴지는 경우가 많으며, 오랫동안 가족생활 속에서 소외된 남성들은 중년의 문턱에서 자신의 삶을 되돌아보면 무엇을 위해 살아 왔던가 그 의미를 찾는 일이 쉽지 않다는 것이다.

■ 조직 내 성차별 현상의 유형[3]

조직 내 성차별 관행을 중심으로 탐색하여 조직 내 성차별 현상의 유형을 크게 4가지로 구분할 수 있다. 첫째 성별 직종분리, 둘째 성별 임금차이, 셋째 승진 및 배치에서의 차별, 넷째 여성의 경력단절에서 나타나는 성차별 등을 들 수 있다.

■ 유리천장이란?[4]

조직에서 유리천장이란 인사체계에서 승진을 통해 상위직으로 오를 수 있는 것처럼 투명하게 보이지만 막상 진행하다 보면 더는 진입할 수 없는 것을 말한다(김양희, 2000). 이는 1987년 미국 〈월스트리트저널〉의 기자들이 처음으로 사용하였으며 1980년대부터 미국에서 조직의 관리직으로 승진하는 과정에 있는 여성과 소수인종이 겪고 있는 애로와 장애를 의미하는 용어로 사용되었으며 우리나라에서는 여성학 혹은 사회학 분야에서 인용되어져 왔다(홍미영, 2004). 이와 유사한 용어로 사용되는 유리벽(glass wall)은 조직 내에서 역할과 직무가 여성에게는 제한되어 있음을 의미하는 것으로 사용되고 있다. 다시 말해, 여성근무자들은 조직에서의 역할이 단순 직무나 보조자들이 대부분이고, 그 핵심부서나 중요한 직책을 가진

3 남성진. (2014). "공공·민간 사회복지종사자의 유리천장현상에 관한 연구", 영남대학교 대학원 지역 및 복지행정학과 박사학위 논문 p. 15 발췌

4 남성진. (2014). "공공·민간 사회복지종사자의 유리천장현상에 관한 연구", 영남대학교 대학원 지역 및 복지행정학과 박사학위 논문 p. 30 발췌

여성들이 전혀 없으면 유리벽이 형성이 된 경우가 많다는 것이다(서철현 외, 2006). 이러한 것은 또한 유리벽과 유리천장 현상이 상호관련성이 밀접하게 높다는 것을 의미하는 것이다. 즉, 과거 전통적으로 이어오는 서열화 조직에서의 특징은 중요하지 않은 부서에서 핵심부서로 수평적 이동을 통하여 관리직으로 상향이동이 가능하지만, 여성들은 이러한 일반적인 수평이동을 하는 경력형성 과정에서부터 제외되고 있으며 유리벽이란 이러한 현상을 설명하는 용어이다(이시연, 2006).

4. 토의 및 발표

■ 성별에 따른 경제활동의 차이?[5]

아래의 그림을 보고 질문에 답해 봅시다.

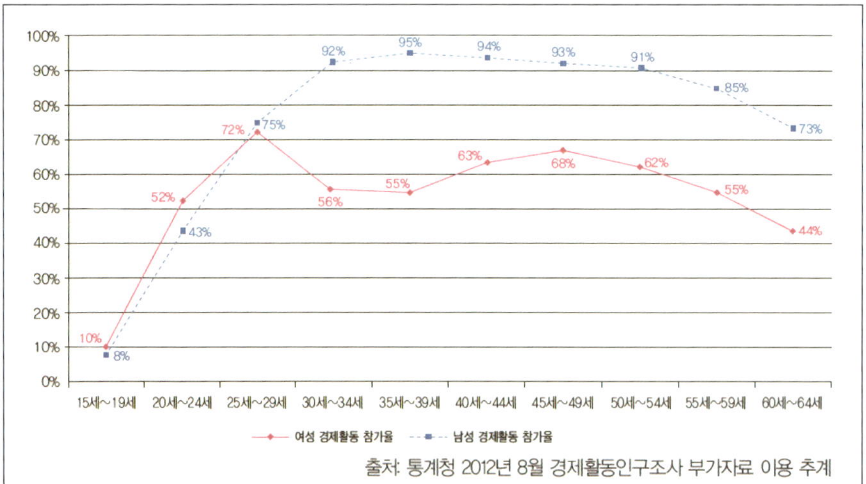

출처: 통계청 2012년 8월 경제활동인구조사 부가자료 이용 추계

5 여성가족부. (2016). "성인권(고등학교)". 여성가족부 폭력예방교육자료. p. 77 발췌

▶ 남성의 경제활동은 지속성을 띄는 반면, 여성의 경제활동은 30대 초반부터 단절되는 경향이 나타나고 있다. 그 이유와 개선방법에 대해 이야기 해 봅시다.

- 여성의 경력단절이 발생하는 이유

- 여성의 경력단절을 개선할 수 있는 방법

■ 직장에서 남여직원의 임금격차가 발생하는 이유는?[6]

3大백화점 남여직원 임금격차.. 女는 男의 반이었다

롯데백화점, 신세계백화점, 현대백화점등 3사의 여직원 급여가 남직원의 절반에 불과하고, 여성 임원 비율이 10%를 밑도는 등 유통업계 남녀 고용 차별이 심한 것으로 나타났다. 이들 회사는 팀장급 이상의 관리직에 주로 남성 직원들을 배치하는 등 승진과 임금에서 여성 직원들을 지나치게 차별하고 있는 것으로 드러났다.

23일 금융감독원 전자공시시스템에 따르면 롯데백화점, 신세계, 현대 등 3대 백화점의 여성 평균임금은 남성 근로자의 49.2%에 불과, 절반 이하인 것으로 나타났다. 회사가 남직원에게 100만원을 지급할 때 여직원에겐 49만2000원밖에 지급하지 않고 있는 것이다. 이는 경제개발협력기구(OECD)가 발표한 지난해 한국의 남녀 간 임금 격차 평균(34.6%)보다 훨씬 큰 것이다.

중 략……

유통업계는 성별 임금격차가 큰 이유로 여성들의 짧은 근속연수와 낮은 임원비율을 꼽는다. 근속기간이 길수록 급여가 올라가기 때문이다. 한 백화점 관계자는 "같은 직급이면 동일한 월급을 받는데 여성들이 육아로 경력이 단절되고, 연봉이 높은 관리직 중에 남성이 많아 월급 차이가 크게 나는 것처럼 보이는 것"이라고 설명했다.

[여원뉴스] 2018. 8. 23
이정운 기자

6 [여원뉴스] 3大백화점 남여직원 임금격차… 女는 男의 반이었다.
http://www.yeowonnews.com/sub_read.html?uid=7510&section=sc5

▶ 성별에 따라 임금격차가 발생하는 이유는 무엇일까요?

- 문화적 이유

- 경제적 이유

- 기타 이유

▶ **성별에 따른 직원의 임금격차는 차별인지에 대한 자신의 생각과 그 이유에 대해 이야기 해 봅시다.**

- 차별이라고 생각하는 이유

- 차별이 아니라고 생각하는 이유

▶ 성별에 따른 임금차별이 없는 사회가 되기위한 방법은 무엇이 있을까요?

- 정부의 역할

- 직장의 역할

- 개인의 역할

■ 승진에서 남녀의 차별과 역차별?[7]

철도·항공 공공기관 여성 임원비율 12.6%로 '방탄' 유리천장

문재인 정부가 오는 2022년까지 공공기관 여성임원 비율을 20%까지 확대정책을 추진한 가운데 SR(사장 권태명)과 코레일로지스(사장 박기홍)의 여성 임원은 전무한 것으로 드러났다.

20일 교통 관련 공공기관 사업보고서에 따르면 한국철도공사, 인천국제공항공사, 한국공항공사, 한국도로공사 등 12개 교통 공공기관의 여성 임원은 16명(12.6%)에 불과했다. 이들 공공기관 가운데 수장이 여성인 경우는 없었으며 여성 임원 대부분은 내부 승진과 무관한 비상임 이사직을 맡았다. 교통 공공기관의 여성임원 비율 12.6%는 민간기업은 물론 다른 공공기관과 비교해도 낮은 수준이다.

지난 7월 통계청이 발표한 '2018 통계로 보는 여성의 삶' 에 따르면 지난 2016년 기준 여성 관리자 비율은 20.4%로 10년 전인 2006년 11.0% 대비 약 2배 가량 증가했다. 2016년 기준으로 민간기업과 공공기관의 여성 관리자 비율은 각각 21.2%, 16.5%다.

중 략……

일각에서는 여성 임원 인력풀이 부족해 단기간에 여성 임원 비율을 높이기 어렵다는 지적도 제기되고 있다. 한 공기업 여성 임원은 "20-30년 전에는 여성 입사자 비율이 지금보다 현저히 낮았기 때문에 현재 여성 임원 인력풀이 부족할 수 밖에 없다"면서 "여성임원 비율을 높이기 위해 능력이 안되는 인원을 승진시키면 역차별 논란을 불러올 수 있다"고 지적했다.

[CEO스코어데일리] 2018. 12. 20
박경배 기자

---

7 [CEO스코어데일리] 철도·항공 공공기관 여성 임원비율 12.6%로 '방탄' 유리천장. http://www.ceoscoredaily.com/news/article.html?no=49907

▶ 직장에서 성별에 따라 승진이 차이나는 이유는 무엇일까요?

- 문화적 이유

- 경제적 이유

- 기타 이유

남성과 여성이 평등한 승진의 조건과 기회를 가지게 하는 방법에 대해 이야기 해 봅시다

- 정부의 역할

- 직장의 역할

- 개인의 역할

【참고문헌】

1. [동아일보] 경력이냐 출산이냐, 한국여성의 괴로운 선택. https://n.news.naver.net/article/020/0003210657
2. [여원뉴스] 3大백화점 남여직원 임금격차.. 女는 男의 반이었다. http://www.yeowonnews.com/sub_read.html?uid=7510&section=sc5
3. [CEO스코어데일리] 철도·항공 공공기관 여성 임원비율 12.6%로 '방탄' 유리천장. http://www.ceoscoredaily.com/news/article.html?no=49907
4. 남성진. (2014). "공공·민간 사회복지종사자의 유리천장현상에 관한 연구",
5. 한정자. (2001). "직장내 성차별 문화와 여성정책 효과에 관한 연구", 이화여자대학교 대학원 박사학위논문.
6. Barbara F, Reskin. (1984). Sex segregation in the workplace: trends, explanations, remedies Committee on Women' s Employment and Related Social Issues, Commission on Behavioral and Social Science and Education, National Research Council.
7. Hartman, Heidi. (1987). "Internal Labor Markets and Gender: A Case Study of Promotion" pp. 59-105. in Carol Brown et al. eds. Gender in the Workplace, Washington D.C.: *The Bookings Institutions*.
8. Louis Schneidert. (1981). "The Social Problem as Injustice: The Case of Sexism Ⅰ-Ⅱ" *Human Responses to Social Problems*.

12

HeForShe

1. 학습목표

- 양성평등과 성역할 고정관념의 개념 이해하기
- 군 조직에서 양성평등을 실현을 위한 방안 생각해 보기

♣ 주요개념: **양성평등, 성역할 고정관념, 군 조직문화**

2. 들어가며

■ 영유아 '양성평등' 조끼 출시…"성 고정관념 깬다"

다음 뉴스 내용을 읽고 양성평등에 대해 이야기해 봅시다.[1]

이노션, 영유아 '양성평등' 조끼 출시…"성 고정관념 깬다"

이노션이 영유아의 '양성평등' 인식을 강화하기 위한 조끼를 출시한다고 19일 밝혔다. '남자는 파랑, 여자는 분홍'이라는 성 고정관념을 깨기 위해 겉면과 속면에 각

1 [연합뉴스] 이노션, 영유아 '양성평등' 조끼 출시…"성 고정관념 깬다". https://news.v.daum.net/v/20190919090438274

각 파란색과 분홍색을 적용, 아이들이 원하는 색상을 선택해 뒤집어 입을 수 있도록 했다. 이노션의 영유아 양성평등 인식 강화 캠페인 '분홍은 파랑, 파랑은 분홍' (Pink Is Blue, Blue Is Pink)의 일환으로 친환경 브랜드 폴가베와 함께 제작됐다.

인형, 자동차, 동물, 과일 등 다양한 모양의 패치도 제공해 조끼에 탈부착할 수 있다는 게 제품의 특징이다. 이노션 관계자는 "자아가 형성되는 시기의 아이들에게 색상 또는 아이템으로 성을 규정짓는 마케팅 제품이 시장을 장악하고 있다"면서 "아이들이 고정관념에서 벗어나 자신만의 취향을 정립할 수 있도록 돕는 것"이라고 설명했다.

중 략……

[연합뉴스] 2019. 9. 19

최재서 기자 acui721@yna.co.kr

▶ **본인의 성장과정에 경험한 불평등한 사례는 어떤 것이 있을까요?**
그러한 문제를 해결할 수 있는 방법은 무엇일까요?

- 성별에 의한 불평등 경험

- 불평등을 해결할 수 있는 방법

3. 생각해봅시다

■ 양성평등인식[2]

양성평등인식이란 남녀 모두 평등하게 취급받는 것을 의미하며, 남녀 평등에 대하여 어떻게 생각하고 있는지를 의미한다. 따라서 양성평등하다는 것에 대하여 어떤 의미에서 동등한 것인지, 어떤 부분에서 동등하고 동등하지 않는 것 인지를 판단하는 개인의 기준이 어떤 것인지를 의미하는 것이다(박민영, 2013).

성역할(gender role)은 긍정적 측면과 부정적 측면으로 구성되어 있고, 긍정적 측면은 남성성, 여성성이고 부정적 측면은 성역할 갈등이다. 성역할에서 남성성의 긍정적 측면은 목표, 성취지향성, 독립성, 과묵함, 대범함, 의리 등 '남성스러움'의 특성으로 군대에서 요구되는 특성과 같은 맥락을 이루고 있다. 반면, 여성성은 동정성, 감정이입, 민감성, 의존성, 친절, 온화, 순종성 등이 '여성스러움' 의 특성(김엘리, 2012)으로 군에서 요구되어지는 특성과는 다름을 보인다.

우리 사회의 전통적인 성역할 고정관념에서 보았을 때, 남성의 고유한 직업으로 군인이 인식되어 왔으며, 한국의 대학생들은 성역할 고정관념 연구에서도 전형적인 남성적 직업으로 '직업군인' 이 가장 높은 순위를 기록하고 있다(탁진국, 1995). 현재는 군에서도 과거에는 평가절하 되었던 섬세하고 예민하고 배려가 깊은 여성적 속성이 새롭게 요구되고 있으며, 점점 더 교육과 전문지식이 중요시되면서 군대에서도 여성 직업군인의 수가 증가하고 있다(김소진, 2008).

일반조직과 달리 군조직의 특수한 환경으로 인해 여군 직업군인들은 비록 자발적으로 선택한 직업일지라도 성 고정관념상의 여성적 역할과 군인으로서의 남성적 역할이 동시에 요구되는 이중역할에 대한 갈등을 경험한다. 즉, 철저한 위계질서가 존재하며 남성이 주류를 이루는 군 조직 속에서 여군은 성역할에 대한 정체

2 장금옥. (2013). "군인의 양성평등인식과 군대내 대응체계가 성희롱·성폭력태도에 미치는 영향", 고려대학교 교육대학원 석사학위 논문 발췌.

감의 혼란과 갈등을 경험하는 것이다. 우리나라는 아직도 생물학적 성(性)차이에 기인한 성역할 고정관념이 통용되고 있다. 여성은 부드럽고 섬세하며 순응적, 소극적, 수동적이고 남성은 공격적, 적극적, 능동적이며 독립적인 사고를 한다고 믿는다. 따라서 군인이라는 일의 성격상 군대 내에서의 핵심적 위치를 차지하는 부분은 남성적인 것으로, 보조적인 위치를 차지하는 부분은 여성적인 것으로 치부되고 있다(황은자, 1998; 최미이, 2000; 이동재, 2004; 남인숙, 2005).

군인들의 성역할 인식, 성역할 고정관념, 편견 등은 언어적 상호작용이나 행동을 통해 의도적이든 비의도적이든 병영생활 전반에 걸쳐 반영되고 군인들 서로간의 상호작용을 통해 양성평등과 관련된 사회화를 촉진하게 되는 것이다. 그러므로 성에 대한 올바른 태도 정립을 위해 가장 먼저 관심을 가져야 할 것은 성역할에 대한 정확한 인식, 즉 양성평등의 문제이다.

성역할 고정관념은 일반적으로 '가정 및 사회에서 남성과 여성의 개인적 특성 또는 능력과 관계없이 생물학적으로 부여된 성에 의거해 사회적으로 규정된 성별적 특성을 가진 것으로 평가하는 것이다(류연구, 김영미, 2012). 남녀의 역할에 관하여 사람들이 갖고 있는 성역할 고정관념으로(Lippa, 1990), 예전부터 우리사회 속에서 암묵적으로 남성들은 중심적이고 주체적인 역할을, 여성들은 보조적이며 사소하고 정서적인 역할을 담당하는 것으로 사회화 되어왔다. 대체로 남성은 '남성다울 때', 여성은 '여성다울 때' 가장 자연스럽다고 느끼기 때문에 현대 사회에서도 기대되는 성역할은 그들에게 의식과 행동에서 많은 영향을 미친다.

성역할 이중적 인식은 개인이 속한 문화 안에서 성별에 따른 행동과 태도 등의 특성을 말하며, 사회적으로 성별에 따라 적합한 행동태도로서 '남성다움' 과 '여성다움' 을 기대하는 것이다. 이러한 사회적 기대의 성역할의 사회화가 이루어진다고 본다(Block, 1973; 김경수, 1997; 이윤정, 2012).

개인 자신이 내면화한 성역할과 어긋나는 경험을 하고 있는 상황에서는 성역할의 부정적 측면이 심리적 적응에 중요한 역할을 할 것으로 보았다. 따라서 성역할

규준이 강한 남성성으로 규정된 군대에서 여군이 환경적 특성에 적응하는 것은 남군보다 더 어려운 일이다(Gillespie와 Eisler, 1992).

양성평등은 여성과 남성이 본질적인 면에서 같기에 평등하게 대우하지만, 여성은 모성 또는 신체적인 특징 면에서 남성과 다른 점이 있으므로 이에 대해서는 특별하게 보호를 받아야 한다고 정의내리는 개념이다(고보혜, 2006). 양성평등은 완전한 인권 실현을 위해 필요한 개념이며, 특정 분야에서 불평등했던 남녀를 상호 보완할 수 있도록 기준을 갖고 보상하기 위한 것이라 볼 수 있다(김재인, 2001). 우리 사회에서 성차별 또는 성 불평등한 사회를 극복하기 위하여 노력해 온 여성학자들에 의해서 다음과 같이 크게 세 가지의 개념으로 정립되었다(한국여성개발원, 1999).

첫째, 양성평등을 여성과 남성을 동일하게 대우하는 것으로 보는 것이다. 따라서 현존하는 성 전형성에 의해 여성과 남성을 다르게 규정하는 것을 경계한다(Vogel, 1993).

둘째, 양성평등을 남성의 여성에 대한 지배를 종식시키는 것으로 본다. 양성평등은 근본적으로 같음과 다름의 문제라기보다는 지배와 피지배의 문제로 보는 것이다(Colker, 1987).

셋째, 양성평등은 여성이 가지고 있는 남성과 다른 차이에 대하여 권리를 인정해 주는 것을 의미한다(김재춘, 왕석순, 1999; Wolgast, 1980). 고정관념에 구애받지 않고 양성의 역할에 대해 편파적인 가치를 판단하지 않는 상태라 할 것이며, 남녀에게 평등한 사회적 역할을 주고, 동일한 판단 기준에서 평가하며, 남녀모두 고유한 역할을 맡아서하되 그 역할에 대해 모두 필수적인 것이라고 인정받는 것이다(범윤경, 1998). 나아가 사회에서의 성차별을 줄이기 위해 적정한 제도와 정책이 필요함을 인정하는 태도로서 성차별의 대안적 개념이자 성차별 문제를 비판적으로 바꿀 수 있는 개념이다(김양희, 이수연, 김혜영, 2002).

양성평등에 대하여 연구한 결과에 따르면 양성평등 교육을 받은 사람들은 성역할 고정관념을 가지고 있는 사람에 비해서 상황을 대처할 때 유연하며, 자아개념이 높고, 심리적으로 안정된 모습을 보이고, 대인관계가 좋다고 한다. 또한 대인관계에 있어 중요한 부분을 차지하는 이성관계에 있어서도 양성평등인식이 높은 경우 이성관계에 있어서도 원만하여 이성관계에 대한 만족도가 높을 것으로 볼 수 있다(남지현, 2002).

군대에서도 사회와 마찬가지로 성별을 이유로 차별이 발생한다. 군은 남성 위주의 조직인 만큼 그 안에 소수로 존재하는 여군에 대한 차별이 당연하게 느껴질 수도 있고, 아니면 반대로 그들에 대한 배려가 역차별로 느껴질 수도 있다.(한지윤, 2018). 군 조직을 "위계적 전투 집단으로 군 조직은 계급과 직책, 권위를 가지고 있다"라고 규정한다. 위계적이란 권위적으로 편성된 관료제적인 조직체계를 의미하며, 전투 집단이란 군 조직원의 개인적 자유와 권리를 엄격히 규제할 수 있는 권한이 허용된 통제적인 집단을 의미하는 것이다(민경자, 2006).

군대문화(military culture)는 군 조직내에서 군 구성원에 의해 생성되고 발전되어온 군대의 전통 및 관습에 대한 상징체계로써 일반사회의 조직문화와 마찬가지로 군 조직의 구성원이 가지고 있는 집단문화이다(양희완, 1988). 일반사회에 영향을 미치면서 서로 교류를 통해 문화를 발전시켜 나가고 있다. 상명하복의 위계가 뚜렷한 군대는 남성중심의 가부장적 문화를 형성하고 있고, 성별 위계적인 가부장제 사회와 동일한 시스템으로 작동하고 있어서 남성중심의 군대문화는 우리 사회의 가부장적 문화를 더욱 공고히 하는데 영향을 미치고 있다(이동흔, 2001). 남성들은 군대경험을 통해 획일적이고 집단화되어 가부장제의 특성인 남성 동류의식(male bonding)을 공유하면서 지배적 남성성을 형성해 나간다(권인숙, 2004).

군 조직은 철저한 권위주의적 위계조직(계급)에 의한 명령체계조직이다. 각자의 계급에 따라 각자의 직책과 임무가 명확하며, 계급에 의하여 법적 규범적으로 복종하며, 서열이 존재하는 계급체계이다(황보주, 2003).

절대 다수에 남성으로 구성된 군 조직은 남성 중심적이며 주체적인 문화와 사고를 당연하게 받아들여 왔으며, 여성에 대한 편향된 의식으로 차별과 배제를 초래할 가능성이 높다(김엘리, 2012). 건장한 성인 남자라면 징병제를 채택하여 군복무를 해야 하는 우리나라에서는 군인 사회의 가부장적 이데올로기를 강화시키는 온상으로 지목되기도 하였다(조성숙, 1997). 군대의 뿌리 깊이 박힌 남성중심의 문화는 쉽게 사라지지 않고 있어 양성평등문화 정착을 위한 노력은 지속적으로 요구되고 있다. 이러한 양성평등문화를 이루기 위해서는 인식의 전환과 실천적 의지가 필요하다(신은봉, 조성준, 김창희, 류지명, 2004).

2005년 이후 성평등 친화적 환경 조성에 초점이 맞추어 지면서 여군 연구의 방향이 양성평등을 위한 제도적 정립 방안으로 전환되었다고 볼 수 있다. 일부 연구에선 여군이 국방력 강화나 군 문화 개선에 긍정적 영향력을 미치고 있다고 제시했다(김동원, 2007; 송병주, 김태숙, 2010; 홍규덕, 2009). 2021년 현재 여군은 약 9,700여명으로 전체 간부의 7.8%를 차지하고 있고, '22년에는 약 8.8%인 17,000명으로 확대된 예정이다. 여군들의 군 진입이 늘어난 배경은 먼저 현대 전쟁이 기술적으로 진화한데다 군대임무도 평화유지나 재난 시 공공서비스 제공 등으로 변화됐기 때문이다. 여성 운동의 영향으로 여성정책이 마련되면서 여성들 사이에서 자기 능력을 개발하고 발휘할 수 있다는 사회적 의식이 커진 것도 영향을 미쳤다.

여군조직과 여군 개개인들은 새로운 여건과 환경에 적응하고 남군 중심의 군 조직에 나름대로 뿌리를 내리면서도 많은 시행착오를 경험해왔다(김경희, 2002). 군대 구성원의 인식변화를 통해서 군대는 성차별을 고착시키는 조직이 아니라 양성평등문화를 정착시키는 선도자가 될 수도 있다.

4. 토의 및 발표

■ 엠마 왓슨 UN 양성평등 연설[3]

엠마 왓슨 UN 양성평등 연설

오늘 저희는 HeForShe라는 캠페인을 시작합니다.

전 여러분들의 도움이 필요해 지금 이 자리에 섰습니다. 이 캠페인을 성공적으로 이끌어 내기 위해서는 성불평등이 끝나야 하며, 이것을 이루기 위해서는 모든 사람들이 참여해야 합니다. 우리는 가능한 많은 남성들이 변화를 위한 지지자가 될 수 있도록 설득하고 노력할 것입니다. 우리는 단지 그냥 이 문제에 대해 말하기만 하려고 하는 것이 아닙니다. 우리는 이것을 확실하게 이행하고, 실현되도록 만들 것입니다.

저는 6개월 전 UN 여성 친선 대사로 임명되었고, 페미니즘에 대해 말할수록 여성의 권리를 위해 싸우는 것이 남성 혐오와 같은 뜻으로 여겨진다는 것을 알게 되었습니다.

사전적 정의에 의하면, 페미니즘은 남자와 여자가 동등한 권리와 기회를 가져야 한다는 믿음입니다. 이것은 성의 정치적, 경제적, 사회적 동등함을 이야기하는 신념을 의미합니다. 저는 오래 전부터 성 역할 고정관념에 의문을 갖기 시작하였습니다. 제가 여덟살이었을 때, '드세다' 라는 말을 듣고 혼란스러웠습니다. 그 이유는 제가 부모님들을 위한 연극에 감독을 맡고 싶어했기 때문이었습니다. 하지만 남자 아이들은 내 말을 듣지 않았습니다. 제가 열네 살이 되었을 때, 일부 매스컴에서는 저를 성적 대상화하기 시작했습니다. 열다섯 살이 되었을 때, 제 여자친구들은 좋아하던 스포츠팀을 그만두기 시작했습니다. 왜냐하면 근육질로 보이고 싶지 않았기 때문입니다. 제가 열여덟 살이었을 때, 남자 친구들은 자신의 감정을 표현할 수 없었습니다.

저는 페미니스트 되는 것을 결심했습니다. 그것이 저에게는 그리 복잡한 것으로 보이지 않았습니다. 하지만 최근 제가 알아본 바에 의하면, 페미니즘은 기피하는 단

---

3 엠마 왓슨 UN 양성평등 연설, http://youtu.be/Q0Dg226G2Z8

어가 되어 있었습니다. 여성은 스스로 페미니스트라고 규정짓지 않는 것을 선택하고 있습니다. 분명하게도, 저는 이러한 여자 중에 속해 있는 것 같습니다. 페미니즘이라는 표현은 지나치게 강하고, 공격적이며, 분열시키고, 남성을 혐오하며, 외모조차 매력적이지 않는 사람처럼 보이는 것 같습니다.

왜 이 단어가 이렇게 불편한 것이 되었을까요? 저는 영국에서 왔습니다. 저는 저와 동등한 위치에 있는 남성과 같은 임금을 받는 것이 옳다고 생각합니다. 저는 제 신체에 대한 결정을 내릴 수 있어야 한다는 것이 바람직하다고 생각합니다. 저는 여성들이 자신을 대표하여 자신의 삶에 영향을 미치는 정책과 결정에 참여해야 한다고 생각합니다. 저는 사회적으로 제가 남성과 동등한 존중을 받아야 한다고 생각합니다.

그러나 유감스럽게도, 저는 모든 나라의 여성들이 이러한 권리를 갖지 못한다고 생각합니다. 이 세상의 어느 나라도 양성평등을 이루었다고 말하기 어렵습니다. 저는 이러한 권리들을 인권이라고 생각합니다. 단지 저는 운 좋은 사람 중 한사람일 뿐입니다.

제 삶은 특권입니다. 왜냐하면 제 부모님은 제가 딸이라고 해서 저를 덜 사랑하지 않는 분이기 때문입니다. 제가 여자라는 이유로 학교에서 저를 통제하지 않았습니다. 제가 언젠가 아기를 낳아야 할 수도 있다는 이유로 저의 멘토들이 저를 단념시키지 않았습니다. 제게 이러한 영향을 미친 사람들은 오늘날의 저를 만든 양성평등 대사들입니다. 그분들은 모르실 수도 있겠지만, 그들이 오늘날 세상을 변화시키고 있는, 페미니스트들입니다. 세상엔 그런 분들이 더 많이 필요합니다. 그래서 페미니스트라는 말이 싫으시더라도, 단지 그 용어가 중요한 것은 아닙니다. 그 용어 속에 있는 사상과 포부가 중요합니다. 제가 가진 평등의 권리를 모든 여성이 가진 것이 아닙니다. 통계적으로 매우 소수만이 가진 권리인 것입니다.

1997년, 힐러리 클린턴이 베이징에서 여성의 권리에 관한 유명한 연설을 했습니다. 안타깝게도 그녀가 바뀌길 원했던 많은 것들은 여전이 그대로입니다. 하지만 저에게 가장 인상 깊었던 것은 그 청중의 30%가 남성들이었다는 것입니다. 어떻게 하면 우리가 세상을 변화시킬 수 있을까요? 인구의 절반만이 그 연설에 초대되거나 환

영받는 느낌을 받는다면, 그러한 변화가 가능할까요?

남성 여러분, 저는 이 기회를 빌려 당신을 공식적으로 초대하고 싶습니다. 성 평등은 여러분의 문제이기도 합니다. 지금까지 부모로서 아버지의 역할이 사회로부터 덜 중요하게 여겨지는 것을 봐 왔습니다. 아이로서 아버지의 존재가 어머니의 존재만큼이나 필요했음에도 말입니다. 저는 정신질환을 앓는 젊은 남성들을 많이 봐왔습니다. 남자답지 못하다는 두려움에 도움을 주지 못했습니다. 사실 영국에서 자살하는 20~40세 남성의 가장 큰 사망 원인이 그 부담감입니다. 이는 교통사고, 암, 심장질환 보다 더 큰 사망 원인입니다. 저는 '성공적인 남성' 에 대한 왜곡된 인식이 남성을 힘들고 불안하게 만드는 것을 봐왔습니다. 남성들 또한 평등의 혜택을 누리지 못하고 있습니다.

우리는 남성도 성역할 고정관념에 의해 구속되어 있다고 얘기하지 않습니다, 하지만 제 눈에는 그렇게 보입니다. 그리고 남성들이 그런 고정관념으로부터 자유로워지면, 상황은 자연스럽게 여성들을 위해 변할 것입니다. 인정받기 위해 남성이 공격적이지 않아도 된다면, 여성은 순종적이도록 강요받는 다는 느낌을 받지 않을 것입니다. 남성이 여성을 통제할 필요가 없어지면, 여성은 통제받지 않아도 됩니다.

남성과 여성 모두 감성적이어도 괜찮다고 느낄 수 있어야 하고, 남성과 여성 모두 강해도 괜찮다고 느껴야 합니다. 성은 두 가지 양분화된 개념이 아닌 스펙트럼에 존재한다는 것을 인지할 때가 왔습니다. 우리의 모습이 아닌 다른 기준으로 서로를 규정하는 것을 멈추고 우리의 모습 그대로를 규정하기 시작하면, 모두가 더 자유로울 수 있습니다. 이것이 HeForShe이며, 자유입니다.

남성도 함께 책임감을 갖길 원합니다. 그래서 그들의 딸, 자매, 어머니가 편견으로부터 자유로워질 뿐만 아니라, 그들의 아들들도 부드럽고 인간적일 수 있으며, 그들이 포기해야만 했던 그들 자신의 일부분을 되찾도록 해야합니다. 이렇게 될 때, 더 진실하고 그들 자신에 충만할 수 있습니다.

"저 해리포터에 나왔던 여자애는 뭐야? 네가 UN에서 뭘 연설하겠다는거야?"라고 생각하실지도 모릅니다. 그리고 그건 정말 좋은 질문입니다. 저 또한 같은 질문을 계속 해왔습니다. 제가 아는 것은 이 문제에 깊은 관심을 가지고, 앞으로 이것을 더 나아지도록 하고싶다는 것입니다. 그리고 제가 봐온 것도 있고, 기회가 주어졌기 때문에 제가 목소리를 보태야 할 책임감을 느낍니다. 정치인 에드먼드 버크는 이렇게 말했습니다. “악이 승리하기 위해서 필요한 모든 것은 선한 인간들이 아무런 행동도 하지 않는 것이다.”

이 연설에 대한 제 긴장감을 느끼고 의구심이 들 때, 저는 제 자신에게 단호하게 말했습니다. “내가 아니면, 누가 하겠는가? 지금이 아니라면 언제 하겠는가?” 만약 당신에게 기회가 왔을 때, 저와 비슷한 의구심이 든다면, 방금 드린 말씀이 도움되기를 바랍니다. 왜냐하면, 현실은 우리가 아무것도 하지 않으면, 여성이 남성과 같은 일에 대해 동일한 임금을 받을 수 있기를 기대할 때까지 75년이 걸릴 것이고, 저는 100살 가까이 되어 있을 것입니다. 앞으로 16년 동안 1,550만 명의 소녀들이 아동인 채로 결혼을 하게 됩니다. 현재의 속도라면 2086년 전까지는 아프리카의 시골 모든 여자 아이들이 중등교육을 받을 수 없게 됩니다.

당신이 평등을 신뢰한다면, 여러분들도 앞서 말씀드린 페미니스트일지도 모릅니다. 이를 위해 저는 여러분들에게 박수를 보냅니다. 세상은 새로운 용어를 찾으려고 노력하고 있습니다. 쉽지 않지만 변화하는 움직임이 있습니다. 이것이 HeForShe입니다. 저는 여러분들에게 “내가 아니면 누가 하겠는가? 지금이 아니면 언제 하겠는가?” 스스로 묻기를 바랍니다. 감사합니다.

▶ 엠마왓슨이 주장한 양성평등에 대한 자신의 생각을 이야기 해 봅시다.

- 엠마왓슨의 주장을 요약한다면 어떤 내용인가?

- 엠마 왓슨의 주장에 대해 찬성한다면 이유가 무엇인가?

- 엠마 왓슨의 주장에 반대한다면 이유가 무엇인가?

▶ **양성평등에 대한 우리 사회의 시선은 어떠한지 자신의 생각을 이야기 해 봅시다.**

- 양성평등에 대한 대한민국 사회의 일반적인 인식은 무엇인가?

- 양성평등에 대한 군인의 일반적인 인식은 어떠한가?

생도생활간 양성평등문화를 형성하기 위한 방법은 어떤 것이 있을까요?

- 생도생활에서 양성평등문화는 어느 정도 정착됐다고 생각하는가?

- 성평등한 생도문화를 정착시키기 위해 어떤 노력이 필요한가?

더 알아보기

■ 한국의 양성평등 순위는?[4]

다보스포럼 성평등 순위, 한국은 156개 국가 중 102위

전 조사보다는 6단계 상승

일본 중국보다는 성평등하다

다보스포럼이 매년 집계하는 남녀평등 국가 순위에서 한국이 102위를 차지했다. 이는 직전 조사(2019년 12월 발표)보다 6단계 상승한 것이다.

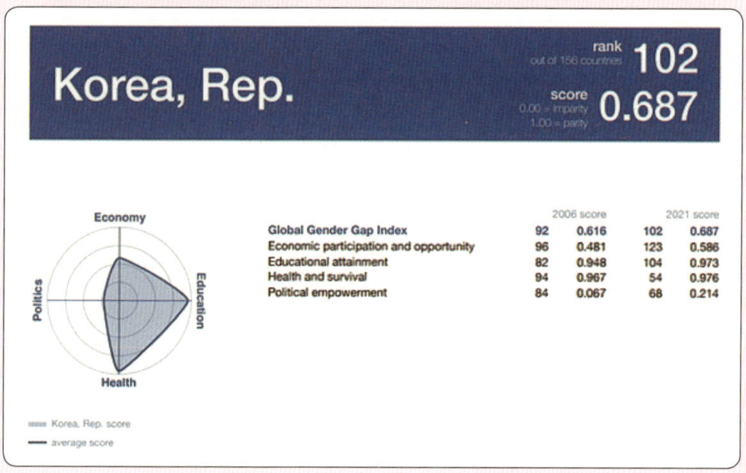

'글로벌 성 격차 2021' 보고서 중 한국의 순위

스위스 다보스에서 열려 '다보스포럼'으로 불리는 세계경제포럼이 31일 '글로벌 성 격차 2021'(Global Gender Gap Report 2021) 보고서를 냈다.

---

4 http://www.womentimes.co.kr/news/articleView.html?idxno=52233

글로벌 성 격차 보고서는 세계경제포럼의 연례 보고서로, 전 세계 156개 나라의 교육과 건강, 경제적 기회, 정치적 기회의 네 범주에서 양성평등 지표들을 집계한 것이다.

보고서에 따르면 가장 성평등한 국가는 아이슬란드로 12회 연속 1위를 차지했다. 뒤를 이어 핀란드, 노르웨이, 뉴질랜드, 스웨덴 등이 상위권에 속했다.

주요 국가를 보면 스위스 10위, 독일 11위, 프랑스 16위, 영국 23위, 미국 30위, 중국과 일본은 한국보다 뒤인 107위, 120위 등으로 조사됐다. 아프가니스탄이 156위로 꼴찌였다.

한국의 항목별 순위는 조사 대상 156개국 가운데 경제적 참여와 기회 부문이 123위로 하위권이었고, 교육 104위, 건강·생존 54위, 정치적 기회 68위로 평가됐다.

한편 보고서는 성별 격차를 줄이는 데 135.6년이 걸릴 것이라고 예상했다.

사디아 자하디 세계경제포럼 이사는 "코로나19로 전 세계가 타격을 입으면서 성별격차를 줄이는데도 영향을 미쳤다. 여성이 남성보다 더 높은 비율로 일자리를 잃고 있고, 고용도 더디게 이뤄진다. 이는 우리가 빨리 회복하지 못할 수도 있음을 의미한다. 우리는 양성평등한 회복이 필요하다"고 말했다.

출처: Women Times 김성은 기자
승인 2021. 03. 31

【참고문헌】

1. 여성가족부. (2016). “성인권(고등학교)”, 여성가족부 폭력예방교육자료.
2. 장금옥. (2013). “군인의 양성평등인식과 군대내 대응체계가 성희롱·성폭력태도에 미치는 영향”, 고려대학교 교육대학원 석사학위 논문.
3. [연합뉴스] 이노션, 영유아 ‘양성평등’ 조끼 출시…”성 고정관념 깬다”. https://news.v.daum.net/v/20190919090438274
4. 엠마 왓슨 UN 양성평등 연설. http://youtu.be/Q0Dg226G2Z8